Le Marketing achats

Stratégies et tactiques

Éditions d'Organisation
1, rue Thénard
75240 Paris Cedex 05
www.editions-organisation.com

DU MÊME AUTEUR
AUX ÉDITIONS D'ORGANISATION

L'entretien d'achat. Tactiques de négociation,

En collaboration avec Pierre HEUSSCHEN
Acheter avec profit, 2e édition 1999

En collaboration avec Chantal VICTOR
Mieux acheter avec la PNL

En collaboration avec Jean-Michel LOUBÈRE
Nouvelles stratégies d'achat, 3e édition 1999

© Éditions d'Organisation, 1992, 1999 pour l'édition originale
© Éditions d'Organisation, 2001, pour la présente édition

ISBN : 2-7081-2618-0

Roger PERROTIN

Le Marketing achats
Stratégies et tactiques

Préface de Jean-Claude BOULLOD
Directeur de la formation à la CEGOS

Troisième édition

Éditions
d'Organisation

Sommaire

Préface

La fonction achats est une fonction en émergence qui a connu trois étapes dans son développement.

Elle a été d'abord considérée comme une fonction essentiellement à caractère administratif. Son rôle était essentiellement de passer des commandes conformes aux procédures en vigueur dans l'entreprise.

Les comptables pouvaient connaître les engagements et payer les factures exactes. L'acheteur était un passeur de commandes, un « écouleur » de demandes d'achats.

Ce modèle fonctionnait surtout dans une économie de production. La valeur ajoutée des achats était économiquement faible. Certaines entreprises vivent encore avec ce modèle.

La deuxième étape du développement de la fonction correspond à une fonction à la fois administrative (toujours) et négociatrice.

Non seulement l'acheteur est investi de la passation des commandes, mais il négocie avec le ou les fournisseurs qu'il peut mettre en compétition. La valeur ajoutée économique est déjà beaucoup plus élevée : la fonction achats, par la négociation des prix des produits ou des prestations, contribue au profit de l'entreprise. Nous disons bien « négociation » et non « marchandage », ce qui suppose la fixation d'objectifs et une stratégie minimum dans la discussion technico-commerciale. La plupart des entreprises sont à ce niveau de développement, plus ou moins achevé, actuellement.

Aujourd'hui, nous sommes en économie de marché où la règle est : le prix de vente d'un produit, d'une prestation est dicté par le marché : la conséquence immédiate est que la seule variable réelle sur laquelle peut jouer l'entreprise pour faire du profit est le prix de revient qui est constitué de 40 % à 70 % d'achats. L'acte d'achats devient stratégique car la compétitivité de l'entreprise dépend du professionnalisme avec lequel il est effectué.

La fonction achats entre dans la troisième phase de croissance. Elle devient à la fois administrative, négociatrice et technique au sens où le choix des solutions techniques sont prises en compte d'une façon active car elles influencent la détermination des prix d'achat sur les marchés amont à court terme, moyen terme, long terme. La fonction doit intégrer les informations produits, marchés, prix, disponibles dans et hors de l'entreprise ; il s'agit là de MARKETING ACHATS où le coût global l'emporte sur le prix.

L'acheteur professionnel doit être capable de réussir une action de marketing achats qui permettra à l'entreprise d'optimiser son interaction avec son environnement sur le moyen terme.

Il ne s'agit pas seulement d'une démarche créative, active, mais aussi structurée, outillée, suivie, avec des objectifs prédéterminés.

L'auteur décrit dans cet ouvrage cette démarche marketing en distinguant le marketing achats stratégique, dont l'objectif est de déterminer sur quel marché fournisseur l'acheteur va travailler, du marketing achats opérationnel qui analyse, sur un marché fournisseur homogène, les composantes produits, prix, marché, communication. Cette analyse doit permettre à l'acheteur de mener à bien sa démarche administrative, technique et négociatrice pour choisir la ou les meilleures sources (produit acheté X fournisseur) tout au long du cycle de vie du produit fabriqué.

Ce qui caractérise cet ouvrage est son parti-pris résolument tourné vers l'action. L'auteur s'appuie pour cela à la fois sur son expérience de responsable d'achats mais aussi sur le fruit des réflexions menées avec de nombreuses entreprises dans son métier de consultant formateur à la CEGOS.

Ce double éclairage fait toute la valeur de cet ouvrage conçu délibérément dans l'esprit « marketing achats : mode d'emploi ».

JEAN-CLAUDE BOULLOD
Directeur de la formation à la CEGOS

Je tiens à remercier les personnes qui m'ont permis d'avancer dans ma réflexion en me faisant part de leur expérience et notamment Messieurs QUEILLE, SEGOL, BRASDU, BRUGIDOU, *et Madame* PELTRIAUX *(Aérospatiale), Messieurs* BENAY *et* MISME *(Legrand),* BOURDON *(Thomson),* VERNIER *(Poron diffusion),* VELAY *et* TROCCON *(Ciapem),* BOULLOUD *(Cegos),* CAMARZANA *(Elecma),* LELABOUSSE *(Auxilec).*

Que les oubliés veuillent bien me pardonner!

INTRODUCTION

La fonction achats, très en vue aujourd'hui du fait de son impact financier sur le chiffre d'affaires de l'entreprise, est en train de prendre ses titres de noblesse. Dans de nombreuses entreprises, le Directeur des achats fait partie de la branche hiérarchique la plus élevée et participe aux « comités de direction ».

Cette transformation de la fonction s'accompagne tout naturellement « d'outils » et parmi eux, le MARKETING ACHATS qui constitue la nécessaire réflexion à long terme pour participer à la stratégie de l'entreprise.

Cet ouvrage se décompose en trois parties.

Dans un premier temps, nous définirons ce qu'est le marketing achats et ses applications. Une partie sera ensuite consacrée à la réflexion stratégique. Enfin, nous aborderons les tactiques, ou moyens pour mener l'action de marketing achats.

Première partie

LA DÉMARCHE DU MARKETING ACHATS

1
Le processus d'achats

Une récente enquête CEGOS montre que 68% du chiffre d'affaires d'une entreprise sont consacrés aux achats. Il est donc légitime de parler de l'achat comme d'une fonction stratégique de l'entreprise.

LE RÔLE STRATÉGIQUE DES ACHATS

Gagner 1% aux achats équivaut souvent, en termes de marge, à faire 10% de chiffres d'affaires en plus.

Si la fonction achats se positionne comme le garant de la qualité des produits achetés, elle constitue en outre un centre de profit pour l'entreprise.

Au cours des deux dernières décennies, nous sommes progressivement passés d'une *économie de production* à une *économie de marché*[1].

En économie de marché, l'offre est bien souvent supérieure à la demande et il ne suffit plus de produire pour vendre, ni même de savoir vendre pour réussir : le succès de l'entreprise dépend de sa capacité à adapter son offre à la demande et à maîtriser ses conditions internes d'exploitation.

Cela suppose une organisation interne décloisonnée, alors que les organisations traditionnelles cherchent objectivement à optimiser l'activité de chacune des fonctions de l'entreprise au lieu d'optimiser l'interaction de ces fonctions entre elles.

Ainsi, l'achat est devenu un processus complexe, à caractère collectif. La cascade de prescriptions et de contraintes est donnée par un ensemble constitué de personnes de fonctions différentes, concernées à un moment donné par l'achat[2]. C'est ce que les Anglo-Saxons appellent le *buying center*.

1. En économie de production, le prix de vente d'un produit est la somme des coûts de l'entreprise, augmentée d'une marge bénéficiaire. En économie de marché, le prix de vente est dicté par la loi du marché, le prix de revient le plus bas devient donc l'objectif à atteindre. (Voir *Acheter avec profit,* du même auteur, en collaboration avec Pierre HEUSSCHEN, Éditions du Moniteur, Paris, 1989).
2. F. Blanc, *Marketing industriel*, Vuibert, Paris, 1988.

Dans une même entreprise, toutes ces contraintes et prescriptions proviennent d'un grand nombre d'acteurs et il revient tout naturellement à l'acheteur d'en assurer la coordination.

L'ORGANISATION DES ACHATS

Pour tenir ce rôle de chef de projet, l'acheteur doit être placé dans une organisation permettant :

– de s'intégrer dans une chaîne dont l'objectif est la satisfaction du client final,
– d'optimiser l'interaction des fonctions de l'entreprise.

Cela ne peut être obtenu qu'à partir d'une plus grande rationalité de l'achat.

Nous constatons bien souvent, lors de nos missions en entreprise, que le frein majeur à l'évolution de la fonction en centre du profit est la confusion entre achats et approvisionnements.

Confier les tâches CT, MT et LT[1] à une seule personne voue à l'échec la mission long terme, c'est-à-dire la fonction coordination des achats de l'entreprise.

Ainsi, la fonction achats se décompose en trois sous-fonctions majeures : les approvisionnements, les achats et le marketing achats (Figure 1-1).

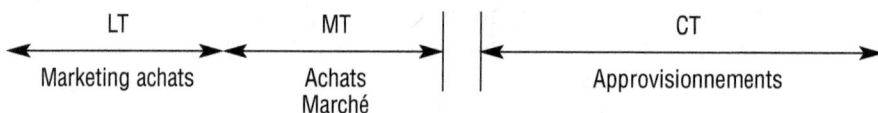

LT	MT	CT
Marketing achats	Achats Marché	Approvisionnements

Figure 1-1 • La fonction achat et la durée de la relation fournisseur

Très globalement, nous pouvons donner une première définition de ces trois sous-fonctions :

– *L'approvisionnement* est une fonction d'exécution tournée vers l'intérieur de l'entreprise. La relation fournisseur est à court terme.
– *L'achat* est une fonction d'acquisition de ressources matérielles de l'entreprise tournée vers l'extérieur. La relation fournisseur est à moyen terme.
– *Le marketing achats* est une fonction de gestion des ressources matérielles de l'entreprise à long terme.

---

1. Court terme, moyen terme et long terme.

Ce dernier point faisant l'objet de cet ouvrage, rappelons simplement les missions des deux premières sous-fonctions.

Missions de la fonction Approvisionnements

- exploitation du calcul des besoins
- traitement des demandes d'achats
- passation des commandes de réapprovisionnement
- passation des commandes de dépannage
- suivi des contrats
- relance des livraisons
- suivi des litiges
- contrôle des performances des fournisseurs
- gestion des stocks
- gestion de la sous-traitance de charges (conjoncturelle)
- autres...

Missions de la fonction Achats

- élaboration d'une politique d'achats
- participation à l'élaboration de la politique MAKE OR BUY
- élaboration du budget achats
- détermination des objectifs
- évaluation des fournisseurs et consultation
- négociation des marchés
- rédaction des accords
- autres...

L'ACHETEUR ET SON POUVOIR

La puissance du donneur d'ordres sur l'offreur ou inversement détermine inévitablement un rapport de forces qui pèse lourdement sur les stratégies à adopter.

Cette inégalité de pouvoir est liée à la nature même des échanges industriels qui ne se font que rarement entre entreprises de taille identique.

En revanche, l'interdépendance du demandeur et de l'offreur n'est pas nécessairement liée à la taille des entreprises en présence.

Sa relation avec le marché

Illustrons l'interdépendance du demandeur et de l'offreur à travers quelques exemples.

a) Cas de la sous-traitance avec un petit fournisseur

Pour l'acheteur, sous-traiter c'est établir une relation de dépendance forte avec un fournisseur car le produit n'existe qu'après une relation, aussi bien d'ordre technique que commercial, entre les deux parties.

D'une manière générale, la décision de sous-traiter est prise :

- *pour réduire les risques de sous-charges ;* c'est la *sous-traitance de capa-cité* (ou conjoncturelle). L'entreprise acheteuse ne se donne comme moyens propres en hommes et machines que ceux qu'elle est certaine de rentabiliser par une charge constante et fait réaliser par un sous-traitant les suractivités ponctuelles. Il est évident que, dans ce cas, le rapport de forces est favorable à l'acheteur car dans les périodes de récession, l'entreprise acheteuse réintégrera ses fabrications ;
- *pour éviter un investissement ne correspondant pas à la compétence de l'entreprise ; c'est* la *sous-traitance de spécialité* (ou structurelle). Le recours à ce type de sous-traitance est impératif quand le produit à fabriquer par l'entreprise acheteuse est un système intégrant de nombreuses pièces de technologie différentes (mécanique, tôlerie, électronique, informatique, etc.).

Dans certains cas, pour des raisons de savoir-faire ou de « prix à payer » si l'on veut disposer de plusieurs sous-traitants pour un même produit (mise en œuvre d'outillages, de développements d'études, etc.), le rapport de forces peut être favorable aux sous-traitants.

En revanche, travailler avec un petit sous-traitant procure l'avantage de discuter directement avec le chef d'entreprise ; les temps de communication se trouvent ainsi diminués. Comme nous le verrons au long de cet ouvrage, une action de marketing achats auprès de petits sous-traitants permet d'établir une relation à long terme qui sécurise les deux parties. En effet, en contre-partie de son investissement, le sous-traitant a l'assurance d'une charge de travail de durée plus importante que celle obtenue dans un système achat/vente ponctuel.

b) Cas de l'approvisionnement auprès d'entreprises importantes

Pour l'acheteur, « traiter » avec une entreprise de taille importante est nécessaire chaque fois qu'il doit :

- Trouver un maître d'œuvre ou un coopérant capable de réaliser un ensemble complexe s'intégrant et participant au fonctionnement du produit final. C'est le cas par exemple de systèmes montés sur avions ou automobiles (équipements de bord, trains d'atterrissage, parties de moteurs, etc.).

La relation de dépendance est très forte et souvent le rapport de forces est favorable au fournisseur.

En effet, après une période de développement commun, les deux parties sont liées à long terme et un changement de fournisseur est difficilement envisageable financièrement (Figure 1-2).

Cette relation de long terme peut être une lourde contrainte pour l'acheteur et les pages qui suivent décrivent le processus qui permet de gérer cette relation.

- Acheter des composants en grande quantité et sur une longue période. La démarche consiste alors, pour l'acheteur, à convaincre le fabricant de traiter directement, sans passer par les intermédiaires habituels. Cette opération revient à « vendre son offre d'achat » pour établir l'équilibre des pouvoirs et ainsi préconiser le couple source/produit.
- Effectuer une étude *make or buy*, ce qui revient au premier cas, c'est-à-dire trouver un maître d'œuvre potentiel.

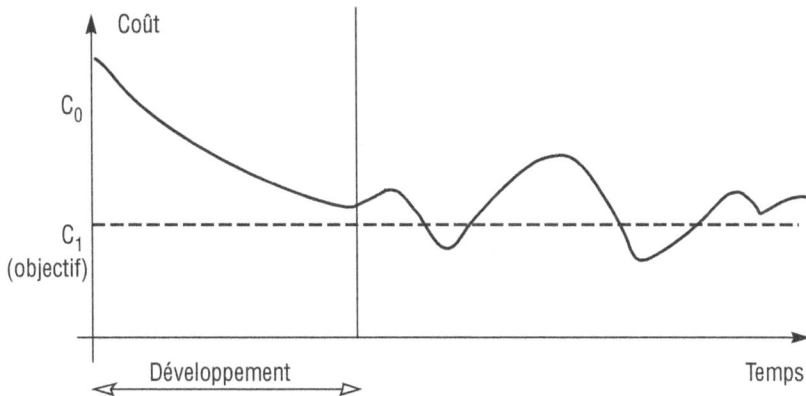

Figure 1-2 • La relation de partenariat

Enfin, quel que soit le cas, établir une relation à long terme avec un fournisseur impose un investissement et la rémunération de la fidélité ainsi établie.

L'ENVIRONNEMENT DE L'ACHETEUR

En interne, l'acheteur doit gérer de véritables projets et passer des contrats avec les acteurs des autres fonctions de l'entreprise. Par exemple, la *fonction commerciale* (vente) doit apporter aux achats :

- des prévisions à moyen terme et long terme ;
- le retour d'information sur la qualité ;
- une évaluation de l'impact d'une décision commerciale sur les coûts.

En revanche, les achats doivent à la fonction commerciale :

- des renseignements sur les fournisseurs des concurrents à la vente en termes de qualité et coût ;
- des informations sur la fiabilité des produits achetés.

Autre exemple, le *bureau d'études* doit :

- ne pas faire de choix techniques sans les étudier en commun avec les achats ;
- se tenir aux couples produits-fournisseurs homologués ;
- exprimer les besoins sous forme fonctionnelle.

En revanche, les achats doivent :

- informer le bureau d'études des innovations présentes sur le marché fournisseurs,
- participer aux analyses de la valeur,
- fournir au bureau d'études la liste des fournisseurs et produits homologués.

Ces différents points seront repris dans le chapitre traitant de la communication.

En externe, l'acheteur a pour rôle principal celui de gérer les relations avec les fournisseurs de l'entreprise.

Roy D. Shapiro présente dans son excellent article[1] intitulé « Gérez vos relations avec vos fournisseurs », trois types de comportements :

1) *L'approche traditionnelle,* à savoir la mise en concurrence des fournisseurs. C'est le modèle dominant pratiqué couramment aux États-Unis et en Europe occidentale.

---

1. « Gérez vos relations avec vos fournisseurs », articles de Roy D. Shapiro in *Harvard — L'Expansion,* hiver 1986-1987.

Poussée à l'extrême, cette approche fondée sur les prix (l'objectif premier des acheteurs opérant par mise en concurrence est de minimiser les prix des produits ou services achetés) ne favorise pas la synergie avec les autres fonctions de l'entreprise. Le service achats s'occupe des prix et uniquement des prix.

Actuellement, la mise en concurrence, toujours en vogue, se fait non seulement sur l'aspect prix, mais sur un ensemble de critères tels que la garantie, la qualité, la fiabilité des matériels, etc.
Ainsi, le rôle de l'acheteur comporte un aspect interne par les relations qu'il doit développer obligatoirement avec les services recherche et développement, études, service après-vente.

2) *Le modèle japonais :* il repose sur une dépendance mutuelle à long terme entre acheteurs et fournisseurs. C'est le partenariat.

Ce modèle se caractérise par :

– des relations à long terme avec un nombre limité de fournisseurs,
– une interaction étroite entre les deux fonctions études et fabrication des partenaires acheteurs et fournisseurs,
– la proximité des fournisseurs,
– le partage des responsabilités en cas de surcoûts imprévus.

Roy D. Shapiro indique toutefois que ce type de relations ne revêt pas toujours un caractère amical du fait du rapport de forces existant entre le donneur d'ordre (tout-puissant) et le fournisseur (dépendant de l'acheteur). Mais ce phénomène est minimisé par le système social japonais qui se concrétise par la fierté qu'éprouve le fournisseur d'être considéré comme faisant partie de la « famille » de l'acheteur.

3) *L'approvisionnement à la recherche de l'innovation :* ce troisième comportement est le désir de profiter des meilleurs outils de conception et du meilleur savoir-faire existant à l'extérieur. C'est le domaine de l'acheteur, en particulier de l'acheteur international qui cherche des fournisseurs pouvant innover. Il s'agit ici d'impliquer les fournisseurs dans le processus dès la conception.

C'est probablement le modèle d'avenir du point de vue des achats. En effet, il permet le compromis entre les deux approches précédentes par mise en concurrence au niveau international en faisant entrer dans l'entreprise la force d'innovation et les connaissances des fournisseurs. Cette approche comporte bien entendu le risque de la perte du contrôle des technologies : les concurrents de l'entreprise acheteuse peuvent connaître les développements nouveaux par l'intermédiaire des fournisseurs communs. La solution est dans le temps : il faut faire vite.

Ainsi, et du fait de l'économie de marché dans laquelle nous sommes, les achats de demain auront les caractéristiques suivantes :

- part achetée plus importante (par rapport au chiffre d'affaires de l'entreprise) ;
- internationalisation des achats ;
- moins de partenaires ;
- maîtrise du prix de revient avec les fournisseurs partenaires, donc maîtrise :
  - de la qualité,
  - du prix,
  - de la pérennité des produits,

ce qui exige une force d'innovation de ces fournisseurs partenaires. Le marketing achats répond à cette préoccupation et permet de gérer au mieux ce nouvel environnement de l'acheteur.

2
Le concept marketing achats

D'une manière générale, le marketing achats est une recherche en vue de l'acquisition de produits sur le marché fournisseur, en fonction des besoins actuels *et futurs,* aux conditions optimales de rentabilité pour l'entreprise.

C'est donc une démarche privilégiée qui permet :

– soit de tirer un meilleur parti du marché fournisseur à partir d'une pratique de l'entreprise,
– soit de découvrir ou construire le réseau d'un marché fournisseur, pour un nouveau produit à acheter.

Enfin, cette démarche conduit à la connaissance systématique de l'environnement pour faciliter l'interaction de l'entreprise avec celui-ci, en s'y adaptant ou en le modifiant.

MARKETING AMONT – MARKETING AVAL

Les relations entre la vente et l'achat sont illustrées sur la Figure 2-3.

– Le marketing vente fait fabriquer ce qui, selon lui, pourra se vendre.
– Les services techniques font acheter ce dont ils ont besoin pour produire ce que les vendeurs espèrent vendre.
– Le marketing achats fait connaître ce qu'on peut trouver sur le marché en quantité, qualité, prix et délai.

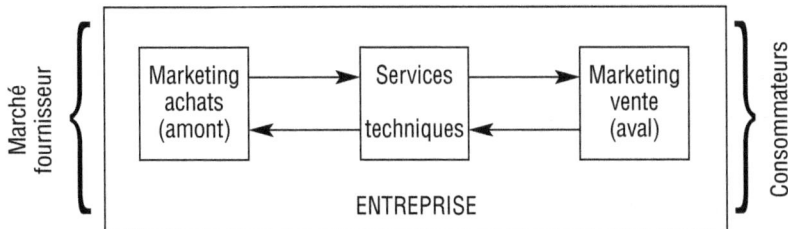

Figure 2-3 • Le marketing et l'entreprise

STRATÉGIE ET MARKETING ACHATS

La fonction achats, devenue fonction stratégique de l'entreprise, ne se contente plus d'identifier ses objectifs à : un prix, une qualité, une quantité, un délai et un service.

Une stratégie d'achat repose sur la réponse à un ensemble de questions que nous allons évoquer.

Quelle est la nature de l'achat ?

Nous verrons dans le chapitre 4 « Classification des achats » que la nature même de l'achat (investissement, composants de production, sous-traitance, etc.) a une implication sur la démarche d'achat.

En effet, les marchés fournisseurs sont différents, les aspects juridiques et comptables varient d'une nature à l'autre.

Par ailleurs, la nature de l'achat détermine le moment d'intervention des achats (en amont de l'acte contractuel ou pas) et les hommes à mettre en place. L'achat de composants électroniques militarisés nécessite l'intervention du service achats très en amont de l'acte, c'est-à-dire dès la connaissance du besoin et cet achat sera traité par un spécialiste du marché des composants (étude de pérennité des sources et des produits, price-list obtenue par ses collègues acheteurs d'autres entreprises, etc.).

En revanche, l'achat d'une prestation à réaliser par une autre unité d'un même groupe industriel sera effectué uniquement par un acheteur administratif ; la valeur ajoutée de la fonction achats étant quasiment nulle.

Faut-il faire ou faire faire ?

Cette option stratégique sera examinée plus loin dans cet ouvrage, mais notons que la fonction achats est directement impliquée de par sa connaissance du marché.

Quels sont les enjeux ?

En termes financiers, une analyse ABC (règle des 20/80) permet de gérer le temps de l'acheteur.

En revanche, cette nécessaire analyse est bien souvent insuffisante car elle ne se préoccupe que de la contrainte liée au prix. Nous déterminerons plus loin un outil qui permet d'intégrer l'ensemble des contraintes d'approvisionnement et ainsi de déterminer les risques éventuels, par exemple de rupture d'approvisionnement.

Qui traitera ?

La réponse à cette question est donnée par l'analyse des contraintes qui permet de déterminer le profil de l'acheteur en fonction des risques d'approvisionnement.

Quel type de relation entretenir avec le marché ?

En fonction des produits, des besoins de l'entreprise et des contraintes liées au marché, l'acheteur doit faire un choix entre :

– un achat simple,
– une relation de moyen terme,
– une relation de long terme.

Cette réflexion ne peut être menée que grâce à une analyse très fine des paramètres ci-dessus.

Quel est le coût global attendu ?

La réflexion de l'acheteur porte beaucoup plus sur le coût global que sur le prix facturé par le fournisseur. Cette notion sera reprise dans le chapitre 10 sur le prix, mais disons que, là encore, la connaissance du marché est déterminante.

Où doit-on acheter ?

Même dans le cas d'un marché très concurrentiel, certaines recommandations d'ordre socio-politique ou certaines formes de législation peuvent influencer la détermination du bien ou la durée de la relation. Cette liste de questions n'est évidemment pas exhaustive, mais la réponse à ces questions permet de mettre au point une stratégie d'achat.

La mise au point d'une stratégie d'achat consiste dans le développement d'une ligne d'ensemble qui indique quels devraient être les objectifs à atteindre et quelles mesures seront nécessaires pour atteindre ces objectifs. Cette stratégie repose sur la mise en parallèle de trois données :

– la politique d'achat issue de la politique générale de l'entreprise,

– les besoins fondamentaux,
– le marché (ou sa situation).

Le marketing d'achats tel que nous l'avons défini plus haut permet donc de gérer ces trois données de manière efficace et ainsi de déterminer une stratégie d'achat.

L'ÉTAT D'ESPRIT MARKETING ACHATS

Il tient dans la différence entre deux phrases :

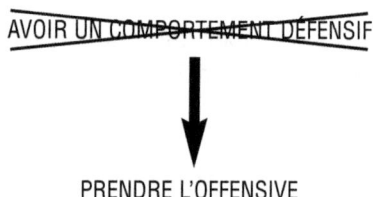

~~AVOIR UN COMPORTEMENT DÉFENSIF~~

⬇

PRENDRE L'OFFENSIVE

Il ne s'agit pas bien entendu d'opérations militaires mais de la conduite et de l'application d'une démarche.

Cette démarche offensive s'exprime par le fait que dans l'acte d'achat traditionnel, l'esprit « production » prédomine[1]. Dans ce contexte, l'acheteur adopte souvent un profil introverti et une démarche défensive.

Le schéma de base de la relation acheteur-vendeur dans le contexte traditionnel est celui du vendeur venant susciter l'intérêt de l'acheteur.

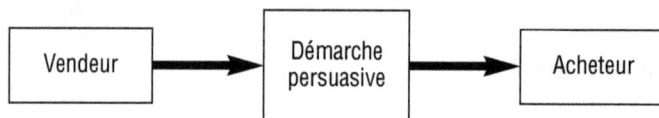

Figure 2-4 • La démarche traditionnelle des achats

Dans une optique marketing achats, l'acheteur adopte un profil extraverti et une démarche offensive en direction du marché des fournisseurs.

Dans certains cas, comme la construction d'un réseau de fournisseurs inexistant dans le domaine ou le métier habituel (mécanique, aéronautique, grand public, etc.), l'acheteur devra, par une action de segmentation (voir le

---

1. R. de Maricourt, « Achat = vente, ou le marketing des achats », *Revue Française de Marketing*, n° 97, 1984/1.

chapitre 13 sur le Marché), susciter l'intérêt d'un fournisseur à investir pour travailler avec l'entreprise acheteuse.

D'une manière générale, on peut considérer que la démarche marketing achats consiste à « AIDER L'AUTRE À RÉUSSIR », ce qui se schématise comme suit :

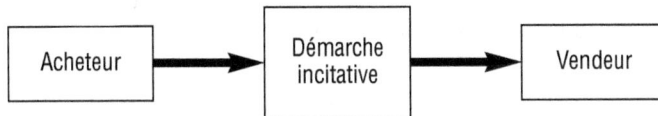

Figure 2-5 • La démarche marketing achats

LES ÉTAPES DU MARKETING ACHATS

Une action de marketing achats comporte généralement neuf étapes :

1 – Classification des achats
2 – Analyse du marché
3 – Visualisation du portefeuille des achats
4 – Analyse des risques – diagnostic
5 – Élaboration du plan d'action et choix des actions (mix achats)
6 – Plan de communication (interne et externe)
7 – Négociation
8 – Rédaction des accords
9 – Suivi des actions

Cet ouvrage traite des six premières étapes ; les trois dernières relèvent des techniques d'achats (voir bibliographie).

Classification des achats

La classification des achats est le point de départ du marketing achats. Cette étape consiste à découper ou regrouper les produits à acheter en segments correspondants à ceux du marché fournisseur.

La classification des achats est fondamentale car, bien faite, elle permet l'accès à l'information.

Dans le cas contraire, l'analyse du marché, à l'étape suivante, prend l'allure d'une mission impossible.

Analyse du marché

L'analyse du marché consiste à identifier de la manière la plus fine possible, la nature et la valeur des « poids » situés de chaque côté de la balance du marché.

Cette analyse permet à l'acheteur de positionner son entreprise et ses besoins en termes de puissance et ainsi de déterminer des objectifs à terme et la stratégie à adopter pour les atteindre.

Visualisation du portefeuille des achats

Cette étape consiste à représenter les contraintes d'achat sous une forme rationnelle dans le but de hiérarchiser les actions à mener.

La matrice de visualisation (voir chapitre 8) est obtenue à partir de la mise en parallèle des trois données :

– politique d'achat,
– besoins de l'entreprise,
– marché.

Analyse des risques – diagnostic

Cette étape consiste à prendre la décision de mettre en œuvre une action de marketing achats ou pas.

En effet, si les contraintes visualisées dans l'étape précédente entraînent des risques futurs de rupture d'approvisionnement, il conviendra de planifier une action marketing à partir de considérations internes (refonte du cahier des charges ou de l'expression des besoins) ou externes à l'entreprise (segmentation du marché).

Il s'agit de la PHASE DE DÉCISION et donc de la détermination des ressources à attribuer au PROJET D'ACHAT.

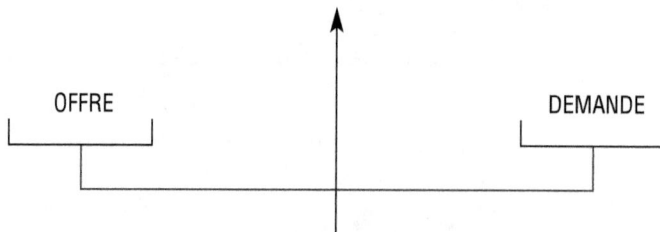

Figure 2-6 • La balance du marché

Élaboration du plan d'action et choix des actions

Cette étape consiste à choisir la direction des actions ou les tactiques les plus appropriées aux problèmes posés.

L'outil correspondant est appelé « PURCHASING MIX » qui consiste à déterminer le ou les leviers les plus efficaces à partir des quatre variables :

– prix
– produit
– communication
– marché

Plan de communication

Que ce soit en interne ou en externe, l'acheteur doit communiquer suivant un plan bien défini.

C'est probablement la principale mission du marketing achats. Souvent négligée, cette étape qui constitue l'image de la fonction marketing est une des causes principales d'échec du marketing achats. Bien menée, la communication marketing conduit à la valorisation de l'ensemble de la fonction achats.

LES ASPECTS ET LES DIMENSIONS DU MARKETING ACHATS

Des paragraphes qui précèdent, nous pouvons décrire la démarche marketing achats sous deux aspects et deux dimensions :

– les aspects stratégique et opérationnel,
– les dimensions interne et externe.

L'aspect stratégique du marketing achats correspond aux quatre premières étapes de la démarche, à savoir :

– la classification des achats,
– l'analyse du marché,
– la visualisation du portefeuille des achats,
– et l'analyse des risques.

↓

C'est la réponse à la question :

SUR QUEL MARCHÉ VAIS-JE TRAVAILLER ?

© Éditions d'Organisation

L'aspect opérationnel correspond aux deux étapes suivantes, à savoir :

– élaboration du plan d'action,
– plan de communication.

C'est la réponse à la question :

COMMENT VAIS-JE M'Y PRENDRE ?

Les dimensions interne et externe correspondent à l'analyse des contraintes qui déterminent le type d'action à entreprendre.

Ainsi, tout naturellement la deuxième partie de cet ouvrage sera consacrée aux aspects stratégiques du marketing achats, la troisième partie aux aspects opérationnels. Enfin, une quatrième partie traitera des moyens à mettre en œuvre, notamment en termes structurels.

3
Les applications
du marketing achats

Les applications du concept marketing achats sont nombreuses.

D'une manière générale, dès lors que la durée d'un besoin est importante, c'est-à-dire la durée d'exploitation d'une source ou la durée d'utilisation d'un produit, le marketing achats trouve sa place.

Par ailleurs, une étude marketing achats permet de connaître le marché d'un produit ; donc de faire entrer l'innovation dans l'entreprise à travers une veille technologique et commerciale.

Examinons quelques exemples d'applications du marketing achats.

LA COOPÉRATION EN CONTEXTE HIGH-TECH

L'exemple ci-après est tiré d'une réflexion faite dans une entreprise travaillant dans le secteur de l'avionique militaire (Figure 3-1).

La nature et la durée de vie des équipements fabriqués ont obligé la direction des achats à se poser la question de l'intégration de l'équipe achats à un stade très en amont du processus de fabrication.

Pour la réalisation de ces équipements, les principales contraintes sont :

– les performances techniques pointues (*high-tech*),
– le cycle de vie des équipements beaucoup plus long que le cycle de vie des composants achetés,
– l'obligation de travailler en coopération européenne avec d'autres sociétés.

Les « achats » sont donc tenus d'intervenir bien avant la définition du produit, pour choisir des coopérants et décider du choix des produits à faire réaliser par ces coopérants.

CYCLE DE VIE D'UN ÉQUIPEMENT

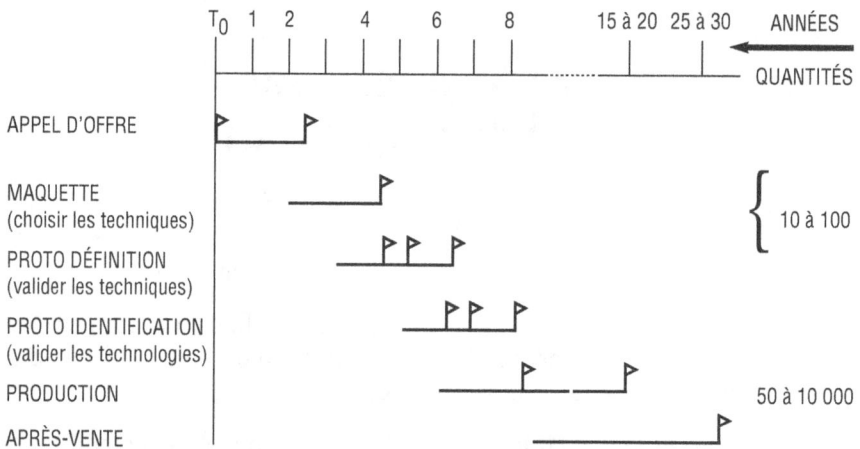

Figure 3-1 • Exemple pris dans le secteur de l'avionique militaire

La stratégie adoptée est résumée dans le Tableau 3-2.

PHASE	OBJECTIF	ACTION
APPEL D'OFFRE	*Make or buy* au niveau des sous-ensembles : choisir des coopérants	MARKETING AFFAIRES
MAQUETTE	Choisir la meilleure technique pour répondre aux besoins. Analyser les risques technico-économiques.	MARKETING FILIÈRES
PROTOTYPES	Garantir le coût objectif de série. Stabiliser les solutions.	ACHATS
PRODUCTION	Atteindre les objectifs de compétitivité. Pérenniser les gains.	ACHATS/APPRO-VISIONNEMENT

Tableau 3-2 • Les phases de réalisation d'un produit *high-tech*

Les missions des différents partenaires internes sont les suivantes :

– *La direction commerciale*
  • analyse le marché et fixe la stratégie d'alliance,
  • négocie avec le client.

– *Le marketing affaires*
  • analyse les coopérants en tant que fournisseurs,
  • évalue les risques économiques,
  • oriente le marketing filières,
  • fige les points principaux des accords avec les coopérants.

– *La direction technique*
  • propose des solutions techniques,
  • évalue les solutions techniques des coopérants,
  • définit les orientations techniques,
  • propose des solutions,
  • décide de la solution retenue (sur conseil du marketing filières).

– *Le marketing filières*
  • analyse le marché,
  • analyse les risques économiques,
  • conseille la direction technique,
  • détecte les besoins internes nouveaux,
  • réalise l'analyse prospective des prix,
  • conseille les achats sur la politique d'achats et les négociations dans le but de relations de long terme.

– *La direction qualité*
  • évalue l'adaptation des composants aux équipements,
  • évalue la qualité des fournisseurs.

– *Le service achats*
  • informe le marketing filières de la performance des fournisseurs,
  • négocie les contrats de fournitures.

LA DÉCISION « MAKE OR BUY » (FAIRE OU FAIRE FAIRE)

La décision FAIRE ou FAIRE FAIRE est l'application type du marketing achats.

En effet, pour prendre cette décision, il convient :

– d'effectuer une étude du marché de l'offre et de la demande,
– de recenser les capacités internes à l'entreprise,
– d'établir la liste des contraintes liées à la réalisation du produit.

© Éditions d'Organisation

Le canevas d'étude proposé dans cet ouvrage constitue le support idéal pour mener une telle analyse.

Dans l'étude *MAKE OR BUY,* le chargé de mission marketing doit porter une attention toute particulière aux aspects futurs en se posant des questions du type :
- Quel sera l'impact futur des décisions prises aujourd'hui ?
- Quelle est la politique à moyen et long terme des entreprises vendeuses et de ma propre entreprise ?
- Quelles lignes de produits fabriquerons-nous dans le futur ?

Dans le même esprit que la formule : « le marketing achats consiste à persuader le fournisseur de travailler avec nous », il doit se poser la question[1] : « Si l'action envisagée est une bonne affaire pour le vendeur, l'est-elle pour moi ? »

LE JUSTE À TEMPS

L'approvisionnement en juste à temps est une stratégie d'entreprise. En effet, beaucoup de plans de réduction des stocks se révèlent, à l'expérience, inefficaces.

M. Crouhy et M. Greif[2] disent clairement : « Une entreprise qui veut réduire ses stocks ressemble à un homme qui cherche à maigrir. Un régime draconien lui permet de perdre quelques kilos. Mais s'il ne change pas de style de vie, il a vite fait de retrouver son poids d'origine. »

L'idée fondamentale du juste à temps est de remettre en cause l'ensemble de l'organisation et pas seulement de changer de technique de gestion des flux.

Elle repose sur le concept suivant : « Le temps perdu est un gaspillage ».

LE PARTENARIAT

En termes d'achats, le partenariat est la relation fournisseur-acheteur la plus appropriée.

Rappelons simplement que le partenariat est une relation durable entre deux entreprises dans le but de rechercher des avantages réciproques. La mise en place de relations de partenariat implique une politique volontariste de réduc-

---

1. Voir M.R. Leendons et D.I. Benkhorn, *Reverse marketing*, The Free Press, Macmillan, 1988.
2. M. Crouhy et M. Greif, *Gérer simplement les flux de production*, Éditions du Moniteur, Paris, 1990.

© Éditions d'Organisation

tion du nombre de fournisseurs. À l'extrême limite, ne disposer que d'une source unique par famille technologique serait la solution idéale (en l'absence de toute autre considération !).

En tous les cas, pour persuader les fournisseurs de monter un dispositif technique et logistique capable de livrer en juste à temps nécessite une négociation dans laquelle l'acheteur doit présenter une offre attractive en termes de :

– évolution positive du chiffre d'affaires,
– relation de longue durée ;

ce qui implique un minimum de fournisseurs que nous appelons « fournisseurs majeurs ».

Nous voyons clairement l'utilité du marketing achats dans le ciblage des sources aptes à entrer dans ce dispositif.

Bien évidemment, la fonction achats doit disposer d'un correspondant achat/fournisseur pour inciter les fournisseurs à devenir majeurs et régler les problèmes de communication.

LA QUALIFICATION DES FOURNISSEURS

Le schéma classique de qualification des fournisseurs, qui consiste à déterminer la capacité à travailler avec l'entreprise acheteuse doit être légèrement modifié dès lors que l'on se préoccupe d'un achat à long terme.

En effet, le marketing achats doit dans ce cas proposer aux techniciens de la qualité, le ou les fournisseurs à qualifier selon les règles du marché étudiées précédemment et non l'inverse.

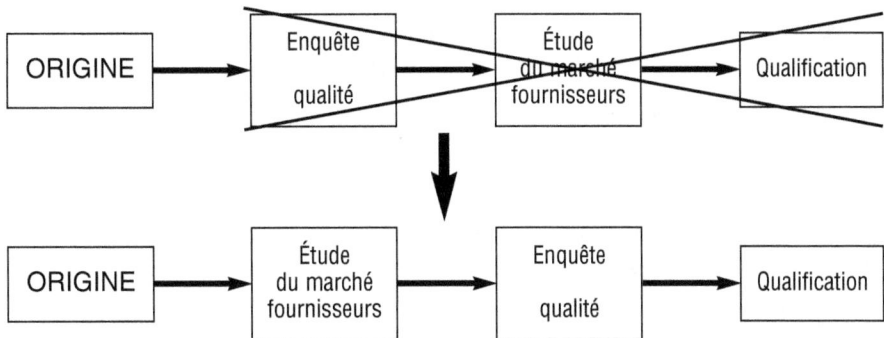

Figure 3-3 • La qualification des fournisseurs dans une perspective à long terme

Citons à titre d'exemple le cas d'une entreprise de tôlerie fine de la région parisienne.

La société Ripert Frères réalise des ensembles de tôlerie ou mécano soudure complexes (plateforme d'inertie, cabine prototypes de chars militaires, etc.).

Face aux problèmes rencontrés par la sous-traitance mécanique sur certaines pièces (Ripert Frères est obligé de confier ces pièces à un confrère pour effectuer les opérations de mécanique car il ne dispose pas de moyens en terme de machines et de compétences), l'entreprise décide de s'équiper d'un atelier d'appoint de mécanique.

Pour rentabiliser cette activité, c'est-à-dire la faire fonctionner à temps plein, l'entreprise propose à ses clients importants de leur réaliser des pièces mécaniques (avec ou sans tôlerie).

Certains gros clients acceptent d'engager pour cette société le processus d'homologation de sous-traitant mécanique.

Après un an de réalisation de prototypes et plusieurs audits qualité, les contrôleurs homologuent Ripert Frères et les donneurs d'ordres commencent alors à faire travailler cette entreprise sur des opérations de mécanique. A ce moment-là, Ripert Frères consacrait 2 % de son chiffre d'affaires à cette nouvelle activité. Les donneurs d'ordres auraient dû tenir compte de ce taux marginal. En effet, quelque temps après, cette activité de sous-traitance disparaissait par manque de rentabilité dans le cadre d'un redressement global de l'entreprise Ripert Frères.

Cet exemple illustre bien la Figure 3-3.

LA STANDARDISATION DES ACHATS

La veille technologique, présente de manière permanente dans les actions de marketing achats, prend ici toute son importance.

En effet, de par sa connaissance du marché, l'homme marketing achats renseigne le bureau d'études sur les produits disponibles sur le marché fournisseurs.

Les actions internes de standardisation sont très favorablement orientées par l'utilisation de produits disponibles sur le marché, évitant ainsi à l'ingénieur de bureau d'études de concevoir des systèmes déjà existants.

LA NÉGOCIATION DES ACHATS

Ce sujet sera assez largement traité dans le chapitre 10 relatif aux prix. La vue à long terme du marketing achats permet à l'acheteur de négocier des contrats de longue durée avec toute la connaissance voulue.

Le chargé de mission marketing joue le rôle d'informateur auprès de l'acheteur, ce qui lui permet d'intégrer dans sa négociation des prix :

– les gains sur achats du fournisseur,
– la concurrence à l'achat et la vente,
– la puissance relative des deux parties,
– les lois de dégressivité des prix en fonction de l'expérience ou de l'accoutumance,
– etc.

Par ailleurs, une segmentation du marché fournisseurs (voir chapitre 13, sur le marché) permet souvent de réduire les coûts d'achat comme le montre la Figure 3-4.

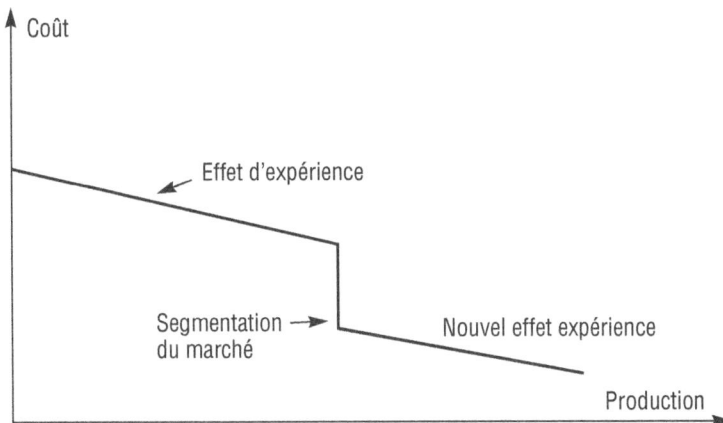

Figure 3-4 • Les gains sur achats attendus par une segmentation du marché fournisseurs

LA PÉRENNITÉ DES SOURCES ET DES PRODUITS

Enfin, et c'est l'objet de cet ouvrage, le marketing achats permet de réduire les vulnérabilités d'approvisionnement en termes de sources et de produits.

Deuxième partie

STRATÉGIE : LA RECHERCHE DE LA MEILLEURE ADÉQUATION ENTRE L'OFFRE ET LA DEMANDE

Mener une action de marketing achats, dans son aspect stratégique, consiste à se poser la question suivante :

SUR QUEL MARCHÉ VAIS-JE TRAVAILLER ?

La réponse à cette question détermine une stratégie d'achat, ou ligne d'action stratégique par secteur ou ligne de produit.

Michaël E. Porter[1] montre qu'une stratégie est une combinaison des fins (des objectifs) et des moyens (tactiques).

Mettons à profit cette formulation en caractérisant l'analyse stratégique achats par la mise en parallèle de trois données :

– les objectifs,
– les besoins fondamentaux,
– le marché.

Les objectifs doivent être clairement définis et peuvent être :

– *globaux :* c'est la politique d'achat, c'est-à-dire les grandes lignes de la manière dont l'entreprise acheteuse entend s'approvisionner en produits, activités ou services.
– *particuliers :* ce sont les objectifs d'ordre économiques ou autres.

Exemples d'objectifs particuliers

– réduction de 50 % du nombre de fournisseurs,
– prix reflétant la réalité économique du marché.

Exemples d'objectifs globaux

– double source d'approvisionnement dans chaque ligne de produits[2],
– approvisionnement en juste à temps pour les produits de type « A »[3],

---

1. Michaël E. Porter, *Choix stratégique et concurrence*, Economica, Paris, 1982.
2. L'expression « ligne de produits » sera explicitée dans le chapitre 4 « Classification des achats ».
3. L'approvisionnement en juste à temps, en liaison avec la technique de production en juste à temps, consiste à faire livrer les produits commandés juste au moment du besoin réel avec une tolérance à définir (une demi-journée par exemple).
   Les produits de type « A » correspondent dans l'analyse de Pareto (voir à ce sujet l'ouvrage *Acheter avec profit* aux Éditions du Moniteur) aux 20 % en quantité déterminant 80 % du chiffre d'affaires de la ligne de produits considérée ; ce sont donc les produits à fort enjeu financier.

– qualité minimum définie par un standard,
– relations à moyen et long terme avec les fournisseurs.

Les besoins fondamentaux sont exprimés, d'une part, par le MARKETING VENTE et, d'autre part, par les services techniques de l'entreprise.

Le marketing vente fournit au chargé d'études marketing achats les prévisions de vente à moyen terme ; c'est l'aspect « pérennité des produits ».

Les services techniques fournissent la liste des composants prévus dans les ensembles à réaliser, c'est l'aspect « standardisation des produits ».

Ces points seront revus dans le chapitre consacré à l'expression des besoins.

Le marché est la troisième donnée qui permet au chargé d'études marketing achats de déterminer l'adéquation entre l'offre et la demande.

Dans cette partie qui traite de l'aspect stratégique du marketing achats, nous étudierons donc dans un premier temps, après avoir classifié les achats et défini le besoin, le marché à travers l'analyse de ces composantes.

Ensuite, dans un autre chapitre, nous utiliserons un outil de visualisation des activités achats élaboré à partir de l'analyse des contraintes d'approvisionnement des produits.

Enfin, nous essaierons de porter un diagnostic de la situation pour déterminer des plans d'actions.

4
La classification des achats

Dès lors que l'on parle d'achats à moyen terme et a fortiori d'action marketing achats, la première difficulté rencontrée est la multitude d'articles achetés dans une entreprise.

Un service achats approvisionne couramment 20 000 articles différents.

A l'image de la segmentation stratégique d'une entreprise[1], la première étape de l'étude marketing achats (ou tout simplement la première opération d'organisation d'un service achats, dans un but d'optimisation des performances *prix, qualité, délais)* consiste à *classifier les achats*[2].

DÉFINITION

La classification consiste à découper les besoins de l'entreprise, ou à compacter la liste des articles achetés en classes homogènes d'achats que nous appelons des « familles d'achats » ou « segments technologiques ».

Ce découpage des achats de l'entreprise en familles d'achats est un travail fondamental à exécuter avant de bâtir une stratégie d'achats et donc d'engager des ressources.

> L'EFFICACITÉ DE L'ACTION STRATÉGIQUE DÉPEND EN GRANDE PARTIE
> DE CETTE CLASSIFICATION

S'il s'agissait d'une pure démarche industrielle, les critères d'homogénéité seraient définis à partir des codes comptables et déclinés en codes technologiques (Figure 4-1).

---

1. La segmentation stratégique consiste à découper une entreprise en domaines d'activités ou métiers pour lesquels on peut définir une stratégie et auxquels on peut indépendamment allouer des ressources.
2. Nous préférons le terme de *classification* à celui de *segmentation* pour réserver ce dernier au découpage du marché.

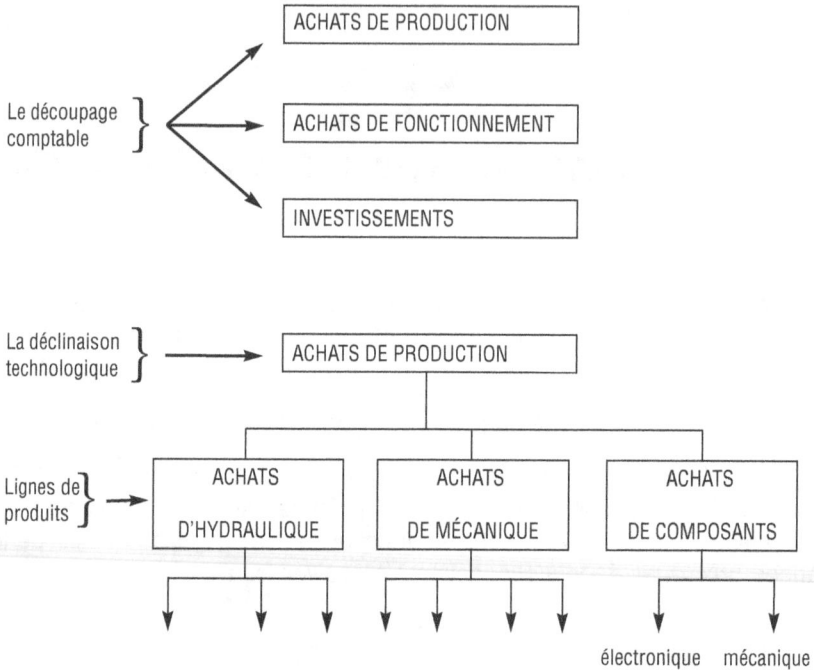

**Figure 4-1 • La définition de familles d'achats dans une démarche
purement industrielle**

Cette approche, largement utilisée dans les groupes industriels, est suffisante en termes de gestion des approvisionnements et des flux.

En revanche, elle ne permet pas de bâtir de stratégie à moyen ou long terme car elle ne tient pas compte du marché.

Les actions marketing et stratégie d'achats étant tournées vers l'extérieur et construites à partir d'une réflexion « marché », nous définirons la « *famille d'achats* » ou le « *segment technologique* » comme un *ensemble homogène de produits, activités ou services (P.A.S.) représenté par un marché fournisseur spécifique et pour lequel il est possible de formuler une stratégie d'achats*.

Pour déterminer les familles d'achats dans ce contexte, les paramètres à prendre en compte sont multiples, comme le montre la Figure 4-2.

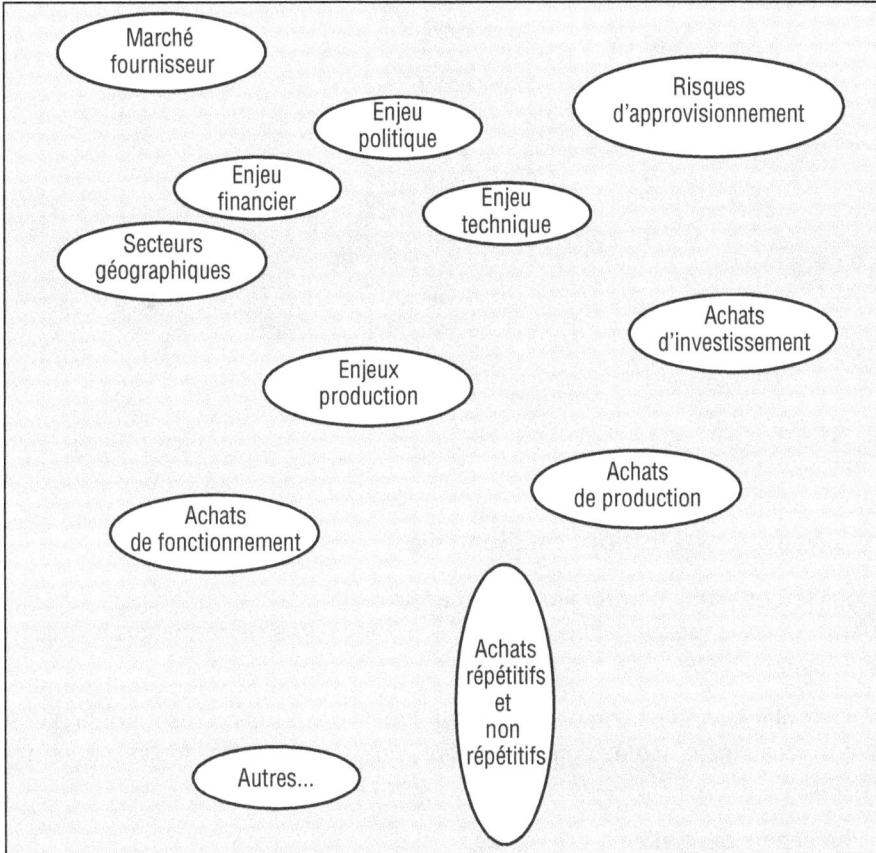

Figure 4-2 • Les paramètres de définition des familles d'achat

LA DÉMARCHE

Il n'existe pas de méthodologie universelle pour effectuer cette classification.

Toutefois, comme dans le découpage comptable déjà évoqué, il est possible de considérer trois niveaux de déclinaison.

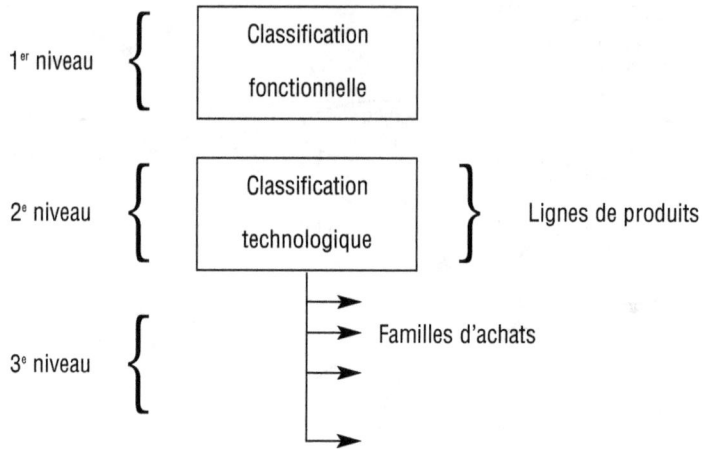

```
1er niveau  {   ┌─────────────────┐
                │  Classification │
                │                 │
                │  fonctionnelle  │
                └─────────────────┘

2e niveau   {   ┌─────────────────┐  }
                │  Classification │  }  Lignes de produits
                │                 │  }
                │  technologique  │
                └─────────────────┘
                            ──────►
3e niveau   {               ──────►  Familles d'achats
                            ──────►
                            ──────►
```

1er niveau : classification fonctionnelle

Nous avons établi un premier niveau appelé « classification fonctionnelle » à partir de sondages effectués lors de nos séminaires de formation à l'action marketing achats et de nos actions sur le terrain.

Ce premier niveau se compose de neuf grands secteurs correspondant à des préoccupations d'achats différentes ainsi qu'à des marchés fournisseurs différents :

– les achats de matières premières,
– les achats de composants de production,
– les achats de sous-traitances,
– les achats de frais généraux, consommables,
– les achats de prestations de service, d'entretien et de transports,
– les achats d'ingénierie et des travaux neufs,
– les achats d'informatique,
– les achats *high-tech* et systèmes,
– les achats de compensation, sous licence et intra-groupe.

Examinons quelques particularités de ces secteurs.

• *Les achats de matières premières*
Par exemple, le titane. Le marché des matières premières est très souvent de type oligopolistique (voir chapitre « Analyse du marché), à l'échelle mondiale.

Les contraintes d'approvisionnement se situent au niveau des risques de ruptures de livraison dus à des phénomènes parfois politiques.

© Éditions d'Organisation

• *Les achats de composants de production*
Par exemple, des composants électroniques passifs tels que les résistances.
Tantôt sur des marchés concurrentiels et stables (composants mécaniques
ou électromécaniques), tantôt sur des marchés oligopolistiques (composants
électroniques actifs), ces achats nécessitent la recherche de sources fiables
alliée à une veille technico-commerciale du marché.

• *Les achats de sous-traitances*
Par exemple, des pièces injectées en plastique. Ce sont des achats spécifiques, sur plans, qui nécessitent une relation fournisseur-donneur d'ordres
de type partenarial pour des raisons aussi bien techniques que juridiques. On
pourrait résumer le type de stratégie à adopter par :

> « AIDER L'AUTRE À RÉUSSIR »

• *Les achats de frais généraux, consommables*
Par exemple, les papiers de photocopie. Ce sont des achats de type « commercial ». Les risques de rupture d'approvisionnement sont faibles. En
revanche, la durée de la relation fournisseur-donneur d'ordres est longue.

• *Les achats de prestation de service, d'entretien et de transports*
Par exemple, ménages, locations de camions, etc. Ce sont également des
achats généraux mais pratiquement toujours assortis de contrats annuels.
Une veille sur le plan de la qualité du service rendu est impérative.
Le marché est de plus en plus concurrentiel mais des pressions locales,
d'ordre social ou psychologique, existent.

• *Les achats d'ingénierie et des travaux neufs*
Par exemple, la construction d'une usine. Ce marché, très particulier,
s'adresse à un acheteur professionnel du secteur. Son impact, aussi bien
interne à l'entreprise qu'externe, est d'ordre juridico-économique.

• *Les achats d'informatique*
Par exemple, la maintenance du parc micro-ordinateurs ou l'achat de systèmes informatiques complets.
Les achats d'informatique s'inscrivent dans le cadre d'un marché non encore
stabilisé du fait de l'évolution rapide des technologies.
Par ailleurs, la législation est spécifique et difficile à apprécier.
L'acheteur, généralement de très bon niveau en raison des partenaires avec
lesquels il doit dialoguer (de la direction générale de son entreprise au vendeur terrain) se « bat » régulièrement avec des problèmes d'anticipation du
marché. La veille technologique est indispensable dans ce secteur d'activités.

• *Les achats higt-tech et systèmes*
Par exemple, les filtres électroniques haute fréquence, les boîtes de commande de pilote automatique pour avions Airbus.
Ce sont bien souvent des marchés qui se construisent pour un secteur d'activité donné.
Le couple produit/fournisseur est, dans la plupart des cas, choisi dès la conception du produit final (Airbus par exemple).
Compte tenu de l'impact des achats dans le prix du produit final (plus de 60 %), les choix techniques arrêtés en phase de conception déterminent 80 % du prix de revient, 80 % des risques (qualité, fiabilité, pérennité, intégralité) et 100 % des performances[1].
Ces achats sont dits stratégiques et leurs performances déterminent celles du produit final.

• *Les achats de compensation, sous-licence et intra-groupe*
Nous considérons ce type d'achats comme particulier car le marché est soit interne, soit à développer. Les relations de l'acheteur sont internes à l'entreprise et très liées à la force commerciale.
Marketing achats et marketing vente sont intimement liés.

2e niveau : classification technologique

Au deuxième niveau dans la classification des achats, on trouve des *lignes de produits* correspondant à des *métiers,* qui sont définies à partir de la classification fonctionnelle. Ces lignes de produits déterminent dans une large mesure le profil des acteurs de la fonction achats. Elles correspondent aux secteurs d'activité des entreprises et doivent être choisies avec le plus grand soin car elles constituent le point de départ de l'analyse du marché.

Ces lignes de produits, ou les familles issues de ces lignes, doivent nécessairement permettre le recueil de l'information (voir chapitre 7). En effet, l'interrogation des sources officielles (syndicats de corporation, fédérations, banques de données...) ne peut être faite qu'à partir de segments homogènes avec leur propre découpage.

Par ailleurs, votre positionnement sur le marché ne peut être réalisé qu'en des termes comparatifs avec les secteurs d'activité des entreprises fournisseurs.

---

1. Voir l'excellent article de mon confrère Jean-Marc Baron paru dans la *Revue Internationale de l'Achat*, « Le design to purchasing ou les coûts d'acquisition maîtrisés dès la conception », n° hors série « Les achats : centre de profit » p. 95-98.

La Figure 4-3 donne quelques exemples de découpage.

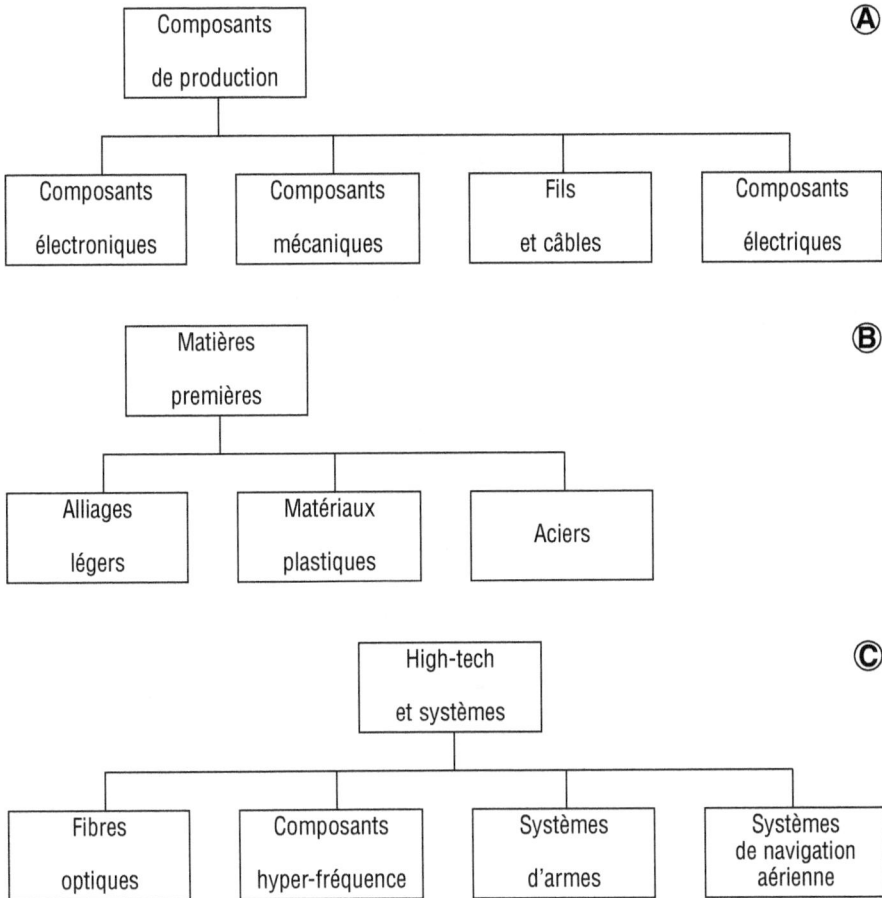

Figure 4-3 • Exemple de lignes de produits correspondant à des métiers

3ᵉ niveau : classification par familles d'achats

Le troisième niveau dans la classification des achats consiste à créer des *familles homogènes.* Ces familles permettent de déterminer les enjeux aussi bien en termes financiers à partir d'une analyse de Pareto[1] qu'en termes de risques et stratégie à adopter (voir chapitres 6 « Analyse du marché » et 9 « Diagnostic de la situation »).

_____

1. Voir Roger Perrotin et Pierre Heusschen, *Acheter avec profit*, Éditions d'Organisation, Paris, 1999 (deuxième édition).

Quelques exemples de découpage en familles d'achats sont donnés dans la Figure 4-4.

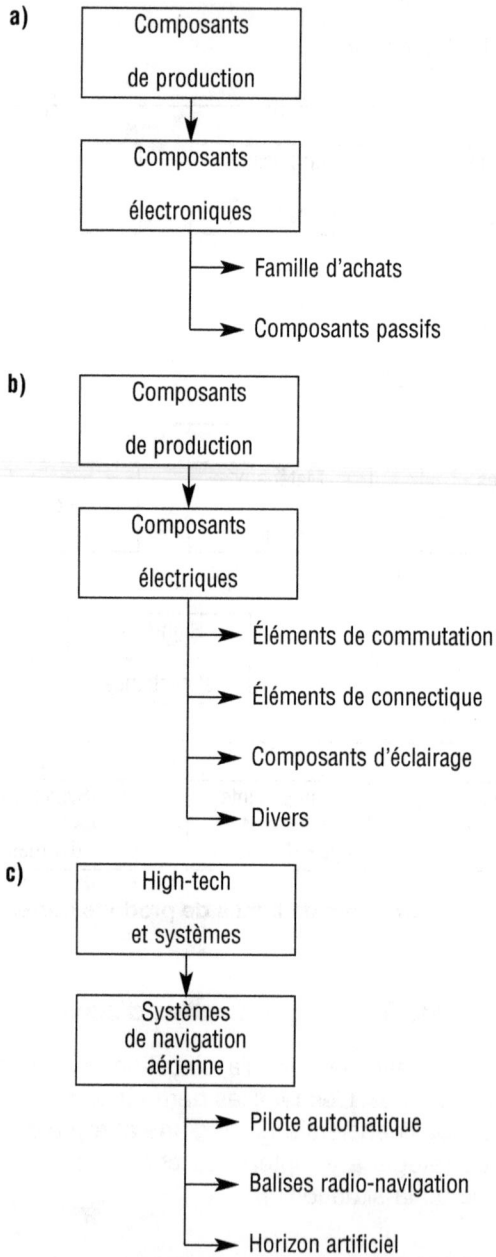

a)
```
┌─────────────────┐
│   Composants    │
│  de production  │
└─────────────────┘
         │
         ▼
┌─────────────────┐
│   Composants    │
│  électroniques  │
└─────────────────┘
         │
         ├──────► Famille d'achats
         │
         └──────► Composants passifs
```

b)
```
┌─────────────────┐
│   Composants    │
│  de production  │
└─────────────────┘
         │
         ▼
┌─────────────────┐
│   Composants    │
│   électriques   │
└─────────────────┘
         │
         ├──────► Éléments de commutation
         │
         ├──────► Éléments de connectique
         │
         ├──────► Composants d'éclairage
         │
         └──────► Divers
```

c)
```
┌─────────────────┐
│   High-tech     │
│  et systèmes    │
└─────────────────┘
         │
         ▼
┌─────────────────┐
│   Systèmes      │
│ de navigation   │
│   aérienne      │
└─────────────────┘
         │
         ├──────► Pilote automatique
         │
         ├──────► Balises radio-navigation
         │
         └──────► Horizon artificiel
```

Figure 4-4

La vérification du découpage

La classification des achats que nous venons de décrire est bien entendu évolutive. C'est un processus itératif.

En effet, après avoir analysé le marché, il vous sera peut-être utile de regrouper certaines familles s'il s'avère que ce compactage permet d'améliorer votre représentativité sur le marché.

En revanche, il vous faudra peut-être découper plus finement certaines familles afin de toucher de façon pointue un marché bien défini et peut-être très étroit.

Les deux extrêmes qui correspondent soit à un découpage trop large, soit à un découpage trop fin sont dangereux ou irréalistes comme l'illustrent les deux exemples suivants.

Considérons le marché des fils et câbles et le découpage de troisième niveau suivant :

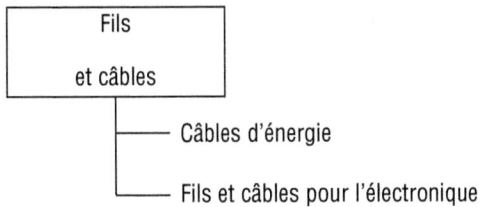

```
┌──────────────────┐
│      Fils        │
│                  │
│    et câbles     │
└──────────────────┘
        │
        ├───── Câbles d'énergie
        │
        └───── Fils et câbles pour l'électronique
```

Dans cet exemple, le critère définissant le découpage en familles correspond à « une puissance électrique ». Or, les fils et câbles pour l'électronique évoluent dans plusieurs marchés très différenciés :

– celui du secteur grand public avec ses propres critères de qualité et ses filières de composants de base, souvent concurrentielles ;
– celui de l'aéronautique dont la filière passe dans certains cas par l'achat par les fabricants de fils et câbles, d'isolants Kapton fabriqués par une monosource mondiale.
– autres…

Ainsi effectuée, la classification est trop large.

En revanche, considérons à l'autre extrême, le marché des alliages légers, ligne de produits des matières premières.

```
┌─────────────┐
│  Alliages   │
│  légers     │
└─────────────┘
      │
      │                                        ┌──── hors alu lithium
      ├──── Barres avec plat ─────────────────┤
      │                                        └──── alu lithium
      │
      ├──── Profilés
      │
      │                                        ┌──── hors alu lithium
      └──── Barres rondes et fils ────────────┤
                                               └──── alu lithium
```

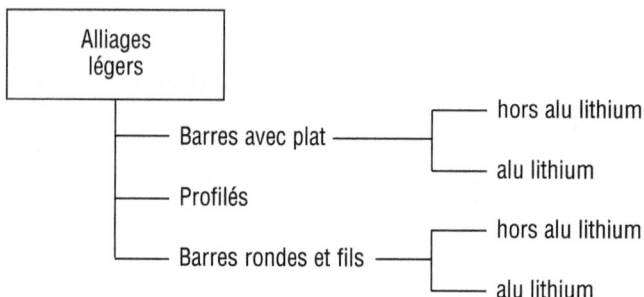

Il est fort probable que la famille « barres rondes hors alu lithium » ne permet pas à l'acheteur de connaître sa position sur le marché de l'offre ou de la demande (position financière par exemple).

Il convient donc de déterminer un ensemble de critères d'homogénéité permettant de vérifier la cohérence des familles déterminées par rapport au marché de l'offre et de la demande.

La check-list ci-après permet de vérifier si une famille déterminée correspond bien à un segment de marché homogène. Une série de réponses positives tend à démontrer qu'il s'agit d'une même famille correspondant à un même segment de marché. En revanche, si la plupart des questions reçoivent une réponse négative, il existe plusieurs familles.

CHECK-LIST DE VÉRIFICATION DE LA CLASSIFICATION DES ACHATS

	OUI	NON
1 – Les principaux fournisseurs, au niveau des différents produits de la famille, sont-ils les mêmes ?		
2 – La famille considérée correspond-elle à un segment de marché homogène (existence d'un syndicat professionnel, d'une fédération, de statistiques officielles…) ?		
3 – Le comportement des fournisseurs sur le marché est-il identique (variation de prix à partir de l'effet d'expérience, de cours internationaux, de la présence d'un leader, etc.) ?		
4 – Est-il possible de positionner financièrement la famille déterminée par rapport : – au marché de l'offre ? – au marché de la demande ?		
5 – Pour un groupe multi-usines ou groupe industriel, est-il possible de centraliser la puissance d'achat de la famille déterminée (cumuler les chiffres d'affaires achats des différents sites) ?		

6 – Le marché de l'offre de chacun des produits de la famille a-t-il les mêmes caractéristiques géographiques (provenance de pays ouverts tels que les pays de la CEE; les pays étanches, c'est-à-dire protégés par des barrières douanières ou politiques; de pays perméables, c'est-à-dire présentant une caractéristique intermédiaire?	

La classification des achats, première grande étape de l'action marketing, va nous permettre maintenant d'analyser, dans un premier temps, les besoins de l'entreprise et, ensuite, le marché correspondant.

Auparavant, nous vous présentons ci-après un exemple de classification effectué par un groupe industriel.

EXEMPLE DE CLASSIFICATION
Composants et équipements de production

LIGNES DE PRODUITS	FAMILLES DE PRODUITS
ÉQUIPEMENTS ÉLECTRIQUES	– Câbles et métallisations – Éléments de commutation • disjoncteurs • microcontacts • inverseurs à levier • relais, microcontacteurs et socles • indicateurs lumineux et socles – Éléments de connectique • contacts • cosses et splices • modules et barrettes • connecteurs – Divers • composants, éclairage, etc. • gaines équipées
ÉQUIPEMENTS MÉCANIQUES	– Éléments d'accouplement • bagues et entretoises • cales • charnières, etc. – Éléments de conjugaison • bielles métalliques • bielles « carbone » – Éléments de conditionnement et stockage

	– Éléments d'entraînement (moteurs)
	– Éléments de fixation
	  • brides et colliers
	  • inserts
	  • accords arrière de connecteur
	– Éléments d'étanchéité (joints)
	– Éléments de manœuvre (verrous, etc.)
	– Éléments d'obturation (bouchons, plaques, etc.)
	– Éléments de protection
	– Éléments de repérage
	  • étiquettes, plaquettes
	  • manchons pour câbles

Matières premières

LIGNES DE PRODUITS	FAMILLES DE PRODUITS
ACIER	– Barres rondes & fils – Ébauches – Profilés – Tôles – Tubes

ALLIAGES LÉGERS	– Barres avec plat
	  • hors alu lithium
	  • alu lithium
	– Barres rondes & fils
	  • hors alu lithium
	  • alu lithium
	– Ébauches
	– Profilés
	– Tôles
	– Tubes

AUTRES MÉTAUX	– Barres avec plat – Barres rondes & fils – Ébauches – Profilés – Tôles – Tubes

© Éditions d'Organisation

5
L'analyse des besoins

La connaissance du besoin est la première donnée nécessaire pour analyser les achats de l'entreprise dans une perspective actuelle et future.

Dans la phase stratégique de l'action marketing, l'analyse du besoin s'effectue suivant deux directions :

– la connaissance des besoins fondamentaux de l'entreprise,
– la connaissance du besoin famille par famille.

Dans ce chapitre, nous distinguerons donc les besoins fondamentaux de l'entreprise, l'évaluation technico-économique du besoin par famille de produits[1] et enfin nous vous fournirons une check-list de vérification de vos connaissances.

Un paragraphe sera réservé à un besoin particulier : le marché de contrepartie.

LES BESOINS FONDAMENTAUX

Ce sont les besoins de l'entreprise exprimés en termes de qualité : définie par un standard, règles de confidentialité vis-à-vis de la concurrence, acquisition d'une avance technologique, etc.

Ils déterminent les règles générales à observer dans le cas d'ouverture du marché fournisseur ainsi que certaines exigences stratégiques de l'entreprise.

Ils peuvent également comprendre des obligations venant de la part des clients de l'entreprise.

Prenons l'exemple d'une société de constructions aéronautiques.

Pour les produits destinés à être embarqués, c'est-à-dire intégrés à bord des

---

1. Dans un but de simplification, nous n'utiliserons dans tout l'ouvrage que le terme « produit » pour faire référence soit à un produit, soit à une activité, soit à un service.

avions fabriqués, les besoins fondamentaux sont les suivants :

– être toujours en avance du point de vue technologique,
– conserver la propriété technique de tous les développements et outillages,
– disposer d'un parc fournisseurs possédant la qualification RAQ 3 au moins [1],
– assurer la pérennité des sources d'approvisionnement pendant une durée de… (à définir),
– rechercher des secondes sources d'approvisionnement à hauteur de 50 % des volumes achetés dans les pays suivants : Grèce, Espagne, Portugal, Inde et Pakistan pour tenir compte de la demande présente des marchés de compensations industrielles (voir plus loin le paragraphe sur la contre-partie),
– rechercher des services après-vente américains pour les systèmes destinés aux États-Unis (obligation client).

La connaissance de ces éléments est indispensable pour déterminer des forces et faiblesses de l'entreprise en termes d'approvisionnnement. En effet, les contraintes d'achats sont liées à ces besoins en parallèle avec la politique d'achats et le marché (voir chapitre 8 « Visualisation du portefeuille des achats »).

Le recueil de l'information doit se faire dans le cadre d'un véritable plan de communication ; sujet qui sera traité dans un prochain chapitre.

L'analyse des besoins proprement dite

Nous distinguerons les matières premières et composants standard, et les produits spécifiques, équipements et systèmes.

Les matières premières et composants de base

Du point de vue interne, la connaissance du besoin est de type historique. La Matrice 5-1 permet d'évaluer la demande.

---

1. Aptitude d'un fournisseur à respecter un niveau de qualité défini par une norme.

Famille n°							
Années ⟍ Sources	n–3	n–2	n–1	n	n+1	n+2	n+3
S1							
S2				quantité valeur			
• • • • • • • • •							
SN							

réalisé   année   prévu

Tableau 5-1 • Matrice temporelle des familles d'achats

Ces informations sont à compléter par :

- l'enjeu financier de la famille considérée (produits A, B ou C dans l'analyse de Pareto [1],
- l'appréciation qualité globale du ou des deux ou trois plus gros fournisseurs de produits de la famille selon un ensemble de critères à définir [1].

---

1. Voir, pour plus de détails, Roger Perrotin et Pierre Heusschen, *Acheter avec profit*, Éditions d'Organisation, Paris, 1999 (deuxième édition).

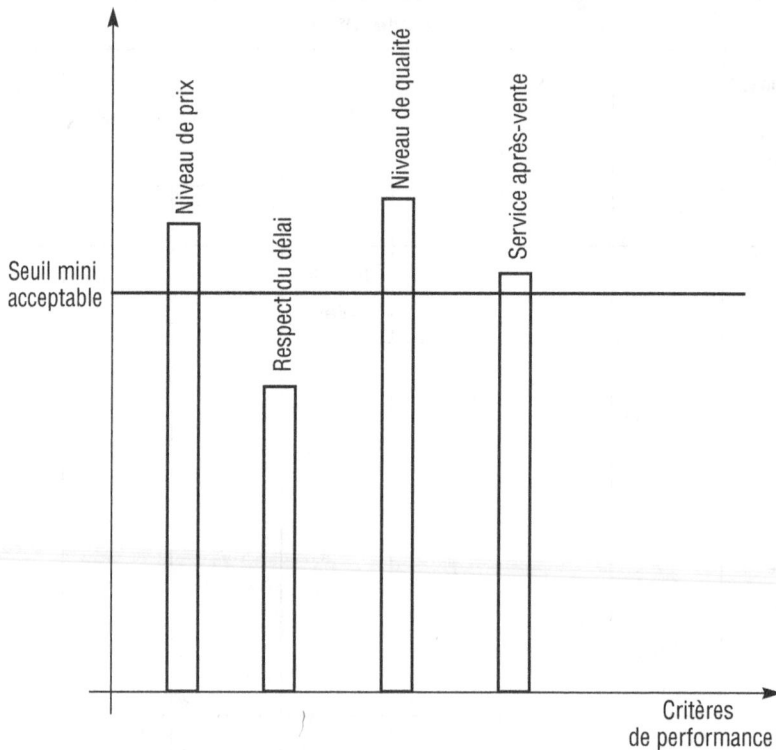

Figure 5-2 • Le contrôle des performances du fournisseur

Du point de vue externe, l'information indispensable est la *durée de vie* restante des produits de la famille. (Voir annexe 1 « Le cycle de vie d'un produit »). Il convient à ce niveau de considérer la fin de vie d'un des produits de la famille comme un frein d'achat pour l'ensemble de la famille.

Les produits spécifiques, équipements et systèmes

En plus des informations précédentes, vous devez tenir compte de la notion de fonctionnalité associée à celle de cahier des charges. Le besoin motivant l'achat, pour une entreprise, dépend de facteurs peu subjectifs.

Un produit tel qu'une machine prend une dimension fonctionnelle. « On ne peut plus le considérer comme un assemblage de pièces, mais comme un assemblage de fonctions ».

Le besoin est à l'origine de la création du produit et la fonction représente le lien entre les deux (Figure 5-3).

```
┌──────────────┐
│   BESOIN     │     Le besoin est à l'origine de la création du produit.
└──────────────┘
        │
        ▼
┌──────────────┐
│  FONCTION    │     Les fonctions permettent de définir le produit à partir du besoin.
└──────────────┘
        │
        ▼
┌──────────────┐
│  PRODUIT     │     Le produit est un objet, un service ou un processus qui donne satisfaction
└──────────────┘     au besoin à travers la satisfaction des fonctions.
```

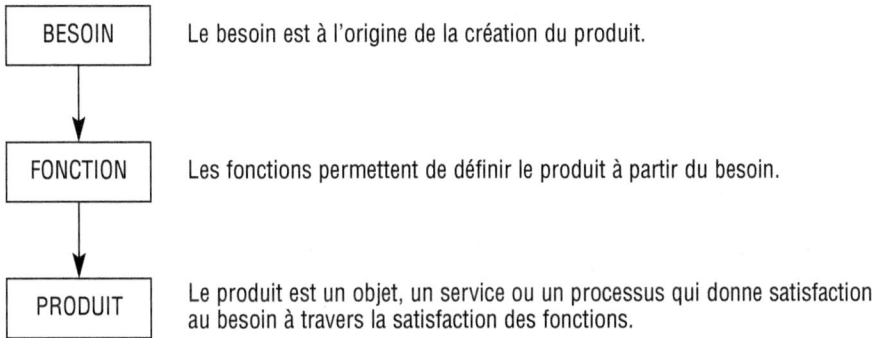

Figure 5-3 • La filière produit

Une solution moderne consiste donc à définir le besoin à partir de la notion de *fonctions*.

Le support d'une telle analyse est le *cahier des charges fonctionnel*. Nous renvoyons le lecteur aux ouvrages spécialisés, mais sachons seulement qu'il permet au demandeur d'exprimer les besoins des utilisateurs en termes de fonctions à réaliser.

C'est un document neutre qui ne propose pas de solutions, mais seulement des services à rendre ; il constitue un outil de marketing achats très important puisqu'il se situe très en amont de l'acte d'achat.

Ces notions seront reprises dans le chapitre 11, consacré au produit.

Enfin, vous décomposerez les systèmes et ensembles en éléments simples pour connaître les composants de base car ce sont eux qui déterminent la vie du système.

Prenons l'exemple d'une boîte de commande radar pour avions de type Airbus ; cette boîte de commande, étudiée conjointement entre l'avionneur et l'équipementier doit être réalisable pendant environ vingt à vingt-cinq ans (jusqu'à ce que seuls cinq avions restent en exploitation). Or les composants internes à ce système ont une durée de vie moyenne de quatre ans du fait de l'évolution rapide des technologies. Il y a dans ce cas inadéquation entre le besoin et le marché.

L'analyse du besoin associée à celle du marché qui fera l'objet du chapitre suivant oblige dans de nombreux cas à prendre en compte la *filière industrielle*.

On appelle *filière* la suite logique des étapes industrielles de la transformation du produit depuis l'origine, c'est-à-dire l'achat des matières premières, jusqu'à l'apparition du produit final.

La décomposition en *filière technologique* permet de situer le produit dans son environnement.

Une double connaissance est nécessaire, à savoir :

– la part de chaque produit entrant dans la composition du produit final,
– les fournisseurs de chacun d'entre eux.

Il convient dans ce cadre d'appréhender pour comparaison les éventuelles filières de produits concurrents (Figure 5-4).

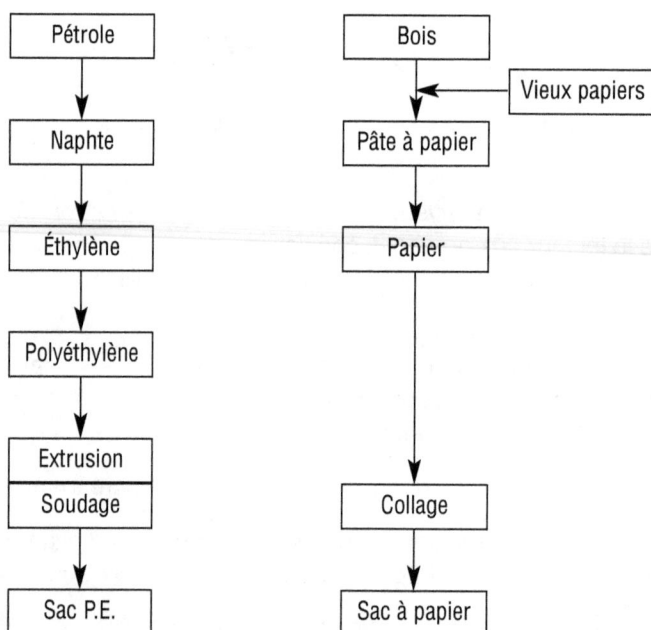

Figure 5-4 • Exemple de filières parallèles
(d'après Maurice Reyne, *L'approche technico-économique du développement des produits*, Éditions Hommes et Techniques, Paris, 1980).

UN BESOIN PARTICULIER : LA CONTREPARTIE

Le développement des échanges internationaux et les difficultés économiques croissantes rencontrées par les partenaires de ces échanges ont donné à la pratique de la contrepartie une place essentielle dans le commerce international.

Ainsi, les exportateurs sont souvent obligés, pour remporter un marché à l'étranger, de s'engager à effectuer sur place un certain volume d'achats.

© Éditions d'Organisation

On peut donc donner à la contrepartie la définition suivante : « opération commerciale par laquelle le vendeur prend l'engagement de réaliser dans un pays donné des achats, transferts ou autres opérations d'un montant et de nature déterminés, en échange d'un contrat de vente qui n'est obtenu qu'à cette condition ».

Dans les contrats de contrepartie :

– les montants mis en cause sont importants,
– la durée de l'opération est généralement très longue ; (elle peut atteindre dix ans et plus),
– la valeur des achats à effectuer peut atteindre et même dépasser le montant du contrat de vente initial.

La Figure 5-5 présente la différence contractuelle entre une vente simple et un marché de contrepartie.

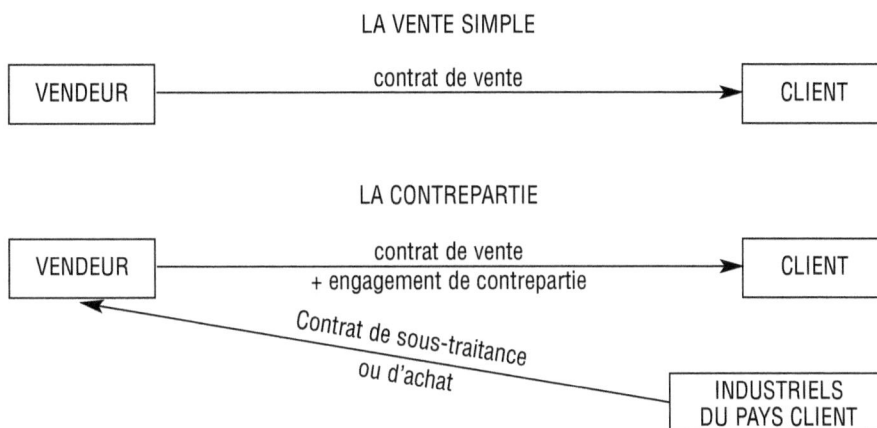

LA VENTE SIMPLE

LA CONTREPARTIE

Figure 5-5 • Différence entre vente simple et contrepartie

Cette obligation d'achat dans un pays client peut modifier de manière significative les rapports de forces existant entre vos fournisseurs habituels et vous-même (diminution de votre puissance d'achat, obligation de désengagement au profit de fournisseurs du pays client par exemple).

Le besoin maintenant connu, vous devez analyser le marché pour vérifier l'adéquation de ces deux données. L'inadéquation, comme nous le verrons dans le chapitre consacré à l'analyse des contraintes, provoque des freins à l'achat que nous quantifierons.

CHECK-LIST DE LA CONNAISSANCE DU BESOIN

	OUI	NON
1 – Existe-t-il un cahier des charges • fonctionnel ? • technique ?		
2 – Connaissons-nous la dérive des coûts et l'évolution de nos chiffres d'affaires sur les trois dernières années ?		
3 – Avons-nous des prévisions sur les trois années futures ?		
4 – Connaissons-nous la performance de nos trois plus gros fournisseurs ?		
5 – Avons-nous un découpage technique des systèmes de la famille ?		
6 – Quelles sont les autres applications de la technologie ?		
7 – Connaissons-nous la filière des produits ?		
8 – Connaissons-nous la situation des produits sur leur courbe de vie ?		
9 – Sommes-nous placés dans un marché de contreparties ?		

6
L'analyse du marché

Si l'on se réfère à la classification décrite au chapitre précédent, on peut considérer qu'il existe neuf grandes familles de marchés industriels.

Cependant, quelle que soit la catégorie du P.A.S.[1] dans laquelle on se situe, l'approche marketing achats consiste à gérer la relation entre vendeur et acheteur[2] à partir de l'adaptation de l'entreprise à son environnement.

Ainsi, la manière d'analyser un marché est indépendante de la nature du P.A.S.

En revanche, ce chapitre ne traite que du *marché industriel,* c'est-à-dire du lieu d'échange des P.A.S. entre des entreprises et d'autres organisations (entreprises privées, publiques, administrations).

Analyser un marché consiste à :

– le caractériser,
– déterminer ses limites et les stratégies possibles des acteurs.

Pour ce faire, il faut recueillir un ensemble d'informations.

On peut là encore classer ces informations suivant :

– deux aspects : quantitatif et qualitatif,
– deux dimensions : l'offre et la demande.

Si l'aspect quantitatif est facilement formulable à l'aide de grilles d'enquête, l'aspect qualitatif l'est moins. C'est le côté relationnel subjectif, culturel, etc., de l'étude marketing.

Mais comment ne pas tenir compte de ces données alors que nous parlons d'internationalisation des achats !

Une étude ou un projet d'achat ne peut donc pas ignorer l'approche relationnelle et culturelle.

---

1. P.A.S. = *Produit, Activité, Service.*
2. Vendeur = *entreprise fournisseur*; Acheteur = *entreprise donneur d'ordres.*

Nous mettrons l'accent sur ces aspects dans le chapitre 7 consacré au recueil de l'information.

Considérant que l'analyse du marché est une aide à la décision, nous proposons une démarche en trois phases :

- *l'étude préliminaire* qui consiste à établir un constat de l'existant de manière à appréhender les forces et les faiblesses de l'entreprise en termes d'approvisionnement ;
- *la visualisation des activités* qui est une représentation graphique des contraintes ou freins à l'achat, à partir des données de l'étude préliminaire ;
- *l'étude approfondie* dont le but est de déterminer les risques d'approvisionnements dus aux contraintes ci-dessus et la couverture de ces risques.

Dans ce chapitre intitulé « L'analyse du marché », nous traiterons plus particulièrement de l'étude préliminaire. La visualisation du portefeuille des achats et le diagnostic de la situation feront l'objet des chapitres 8 et 9.

TYPOLOGIE DES MARCHÉS

Le marché concurrentiel

La concurrence parfaite au sein d'un secteur se définit par la loi d'atomicité dans laquelle les sociétés (acheteurs et vendeurs) sont si nombreuses et où l'entrée est si facile que les sociétés n'ont pas d'influence l'une sur l'autre mais réagissent aux conditions générales du marché.

Ce marché se comporte en quelque sorte comme une balance dont les plateaux représentent l'offre et la demande ; balance qui, grâce à la fluidité des échanges, resterait toujours en équilibre. Cet équilibre est obtenu grâce à l'atomicité du marché. En effet, aucun acheteur ni aucun vendeur ne peut présenter une demande ou une offre d'une importance telle qu'elle modifie sensiblement la quantité globale des échanges, ainsi que le niveau du prix du marché.

Le monopole

Du point de vue de l'acheteur, il se caractérise par le fait qu'une seule firme remplit le plateau de l'offre.

Dans le cas d'un monopole d'État, les prix sont fixés par les pouvoirs publics. C'est le cas des tabacs, de la poste, etc.

© Éditions d'Organisation

Sur les marchés privés, cette situation se traduit par le fait qu'un seul fournisseur fabrique un produit, dans le cas par exemple d'une avance technologique. Le produit est dit en *monosource*.

L'oligopole

C'est la situation intermédiaire entre la concurrence parfaite et le monopole. On la rencontre dans de nombreux secteurs où la concurrence se caractérise par une certaine dépendance entre les fournisseurs.

Ou bien ces fournisseurs sont en nombre réduit dans une aire géographique donnée, ou bien la présence de deux ou trois leaders détermine le niveau de la prestation.

Les concurrents se connaissent généralement bien et chacun d'eux est souvent placé devant un dilemme en termes de stratégie.

Le choix d'une stratégie coopérative (amélioration du profit de l'ensemble des firmes mais perte de parts de marchés potentiels et profits personnels : relation entre concurrents que l'on peut qualifier de *gagnant-gagnant*), ou conflictuelle (amélioration du profit personnel immédiat et gains de parts de marchés : relation entre concurrents à court terme que l'on peut qualifier de *gagnant-perdant*[1]).

Le marché atteint de « viscosité »

Ce type de marché se caractérise par le fait que l'acheteur s'est placé dans l'obligation de s'approvisionner auprès d'une seule source ou d'un seul fournisseur, malgré l'existence de la concurrence.

On ne peut ignorer ce type de marché qui représente, en chiffre d'affaires, entre 30 et 60 % des achats d'une entreprise. Il fait d'ailleurs actuellement l'objet d'une réflexion stratégique[2].

Entre le modèle d'achat américain (mise en concurrence tous azimuts), le modèle japonais (partenariat) et l'approvisionnement à la recherche de l'innovation (compromis entre les deux approches précédentes par mise en concurrence au niveau international en faisant entrer dans l'entreprise la force d'innovation et les connaissances des fournisseurs), le degré de dépendance entre entreprise acheteuse et entreprise vendeuse est plus ou moins élevé et la contrepartie au partenariat est la viscosité des échanges ainsi créée.

---

1. Roger Perrotin et Pierre Heusschen, *Acheter avec profit*, op. cit.
2. Roger Perrotin, *L'entretien d'achat*, Éditions d'Organisation, Paris, 1991.

Ainsi, les raisons de la viscosité des échanges sont liées :

- *soit au produit :* par exemple, par suite du choix d'un composant *high-tech* en début de vie ;
- *soit à la politique d'achat de l'entreprise :* partenariat ou mise en concurrence ;
- *soit à la politique générale de l'entreprise :* homogénéité des équipements et investissements ;
- soit, et c'est le cas le plus classique, à une vue des *achats à trop court terme :* un achat effectué à ce jour dans des conditions difficiles de monosource par exemple doit faire l'objet d'une *VEILLE TECHNOLOGIQUE* pour ne pas rendre ce marché visqueux dans le futur (marché de l'offre ouvert mais entreprise acheteuse non prête à consulter ce marché ou ne connaissant pas ce nouveau marché).

L'ÉTUDE PRÉLIMINAIRE

Appréhender les forces de l'entreprise en termes d'approvisionnement permet de saisir les opportunités offertes par le marché ; en connaître les faiblesses, aide à déterminer les risques pour l'entreprise à court et moyen terme.

Cette détermination passe par la connaissance des *obstacles ou barrières* à l'entrée et à la sortie des fournisseurs, des *puissances respectives ou pouvoirs* de négociation, et de la motivation des fournisseurs pour le produit.

On appelle obstacle à l'entrée ou à la sortie d'un fournisseur, un frein important à la mise en concurrence dans le segment considéré (ou ligne de produits, voir au chapitre 4 « Classification »). Ces obstacles peuvent être d'ordre technique, commercial ou relationnel.

Obstacles à l'entrée d'un nouveau fournisseur

Maîtrise de la technologie

Par exemple, lorsque seulement deux ou trois sociétés dans le monde sont capables de développer la technologie choisie. C'est souvent le cas des produits *high-tech.* Le déblocage d'une telle situation est des plus délicats car, outre le coût de développement d'une nouvelle source, l'acheteur se heurte à des problèmes de délai de développement ainsi que, dans bien des cas, à des problèmes de confidentialité.

© Éditions d'Organisation

Coût de transfert

C'est l'addition des coûts que l'acheteur doit supporter pour acquérir le produit dont il a besoin, ou son équivalent, chez un autre fournisseur.

Ils peuvent comprendre : les coûts de qualification de la nouvelle source, aussi bien en main-d'œuvre qu'en achat d'équipements annexes (de tests par exemple), les coûts de formation du personnel à l'utilisation de ce nouvel équipement pendant la phase de qualification, les coûts d'adaptation de ces nouveaux produits (personnalisation), les coûts logistiques, les coûts administratifs de gestion de cette nouvelle source, etc.

Délai de transfert

Il s'agit du temps de qualification d'une nouvelle source. Dans les grands groupes industriels, ce délai peut aller jusqu'à deux ans. Cette lenteur du processus d'homologation est bien souvent légitime car les « référentiels qualité » [1] sont très précis et l'entreprise gagne à disposer des produits équivalents, c'est-à-dire respectant ces normes. Ces analyses engendrent naturellement des lenteurs dans les processus.

Obstacles venant des clients

Ces clients sont souvent des entreprises qui achètent des systèmes complexes (avions, centrales nucléaires, etc.) et qui, pour des raisons d'homogénéité et de gestion du parc d'équipements de rechanges imposent à leur fournisseur de conserver, pour les équipements dont la liste est négociée, les sources de « première monte ». L'acheteur de l'entreprise fournisseur est alors tenu à une grande fidélité vis-à-vis de ses sources d'approvisionnement pour respecter l'imposition venant des clients de son entreprise.

Politique gouvernementale

Elle peut être la source d'obstacles très difficiles à surmonter. En effet, l'État peut limiter, voire interdire, l'entrée de certains produits ou fournisseurs par le biais d'obligation de licence (vente d'alcool, par exemple). Dans le domaine international, l'administration américaine, par exemple, est souvent très dure quant à la délivrance des autorisations d'exportation. L'acheteur français doit souvent demander une licence d'importation particulière à un produit, voire même déclarer avec un maximum de détails le lieu de destination finale des produits importés.

---

5. Normes rédigées par les services « Assurance qualité » et en accord avec les organismes officiels.

Subventions publiques

Ce cas se différencie du précédent par une situation de dépendance très forte créée par l'octroi de subventions à un fournisseur dans le cadre d'une affaire avec un maître d'œuvre. L'acheteur reçoit ainsi une quasi-obligation de traiter avec ce fournisseur. En cas de refus ou de duplicité des sources d'approvisionnement, les coûts de développement sont à sa charge.

Fournisseur imposé

Outre les cas précédents, un fournisseur peut être imposé dans de nombreux cas ; choix technique, homogénéité des systèmes (cas de l'informatique), service après-vente unique, relations intragroupe (politique interne dans les groupes industriels), politique locale (conservation du tissu industriel régional), etc.

Obstacles à la sortie du ou des fournisseurs actuels

Coûts de sortie

Le coût de sortie d'un fournisseur peut être dissuasif eu égard à l'enjeu. C'est le cas de la remise en état des outillages (fonderie, par exemple) ou des indemnités de ruptures de contrat (location de photocopieurs, par exemple).

Partenariat

Les avantages de ce type de relation fournisseur-client sont connus, mais cette stratégie qui consiste à travailler durablement et contractuellement avec un fournisseur pour attaquer un marché amont, c'est-à-dire d'approvisionnement, a le désagrément de :

- freiner l'entrée à l'innovation à cause d'investissements souvent lourds pour réaliser le produit, objet du contrat de partenariat ;
- faire obstacle à la sortie du fournisseur sous contrat (même moral) du fait du bénéfice souvent apporté à l'acheteur par l'expérience acquise (effet d'expérience) et également de l'aspect relationnel (fortement affectif) créé au fil du temps.

Abandon de savoir-faire

L'abandon du savoir-faire de l'entreprise se heurte à un double obstacle :

- d'une part le savoir-faire acquis par le fournisseur rend celui-ci souvent quasiment irremplaçable,

– et d'autre part le fournisseur abandonné par l'entreprise sera tenté d'offrir à la concurrence ce savoir-faire devenu inutile.

Réglementations sociales

Pour préserver l'emploi ou certaines formes de contrats de travail, les législateurs ont été par exemple amenés à réglementer et à faire obstacle à la sortie de fournisseurs prestataires de services (article L 122-12).

Subventions publiques

L'obstacle naît des mêmes raisons que dans le cas d'entrée de nouveaux fournisseurs.

Confidentialité

C'est là un des obstacles les plus couramment rencontrés dans les produits *high-tech*. Cet obstacle est d'autant plus élevé que l'image de l'entreprise acheteuse est forte : Aérospatiale, Société Européenne de Propulsion, par exemple. Dans ces secteurs, les informations transmises ont un caractère confidentiel de niveau international et, pour des raisons évidentes, la sortie d'un fournisseur de composants stratégiques doit être menée avec le plus grand soin et se révèle impossible dans certain cas.

Compensations industrielles

De manière simplifiée, ce type de contrat entre des entreprises de pays différents, qui consiste, pour l'entreprise vendeuse, à acheter, en contrepartie, des produits dans le pays acheteur entraîne une dépendance rendant difficile la sortie du fournisseur retenu.

Monosource

Cette situation se passe de commentaire car, par définition, il n'existe pas de produit de substitution.

Nous venons d'examiner un certain nombre d'obstacles ou freins importants à l'entrée ou à la sortie des fournisseurs. D'autres freins, de moindre intensité, existent et nous les appellerons *contraintes* d'achat. Ces contraintes sont spécifiques à l'entreprise ; elles doivent être identifiées et quantifiées. Cette étape sera étudiée dans le chapitre 8, « Visualisation du portefeuille des achats ».

LA NOTION DE PUISSANCE DU MARCHÉ
(de l'offre ou de la demande)

Elle revient à se poser la question : « Quand le marché est-il acheteur ou vendeur ? »

Vous êtes puissant sur un marché quand :

- votre représentation financière est caractéristique, c'est-à-dire quand vos achats représentent une fraction importante du chiffre d'affaires du fournisseur. Il est en quelque sorte dépendant de vos actions [1] et vous devenez un client ciblé si vous possédez, d'une part, un potentiel de croissance et, d'autre part, une bonne adéquation avec la capacité de l'entreprise du vendeur ;
- vous êtes leader sur le marché c'est-à-dire quand votre pouvoir d'achat (chiffre d'achat) vous place dans les tout premiers rangs parmi les donneurs d'ordres de la ligne de produits considérée ;
- les produits que vous achetez sont normalisés car, en l'absence d'obstacles tels que ceux énumérés dans les pages précédentes, vous pouvez faire jouer la concurrence de manière efficace ;
- les coûts de transfert sont faibles, c'est-à-dire que les coûts fixes (développement, outillage, investissement…) pour changer de fournisseurs sont faibles ;
- la menace d'intégration vers l'amont est grande [2]. Votre pouvoir de négociation est grand quand vous pouvez menacer le fournisseur de « rapatrier la sous-traitance » ;
  Attention toutefois à ne pas perdre votre crédibilité quand vous n'êtes pas maître de cette situation ! Cet événement se produit quand après négociation, l'acheteur est obligé de rompre ou de différer les contrats en cours pour tenir compte d'une défection des clients de l'entreprise acheteuse (situation récemment rencontrée dans l'aéronautique en France) ;
- vous possédez une information très complète aussi bien sur le marché de l'offre que sur celui de la demande. En revanche, une information incomplète constitue une contrainte d'achat qui peut avoir des effets négatifs lors des négociations.

---

1. En général, il est préférable que cette fraction $P = \dfrac{CA \text{ de l'acheteur}}{CA \text{ du fournisseur}}$ soit comprise entre 1,5 % et 20 %. Cela signifie que votre offre est suffisamment attractive pour ce fournisseur, sans présenter l'inconvénient d'établir avec lui une dépendance financière trop importante.
2. Voir à ce sujet, Michaël E. Porter, *Choix stratégiques et concurrence*, Économica, Paris, 1982.

© Éditions d'Organisation

Le fournisseur est puissant sur le marché quand :

- le groupe des fournisseurs du segment technologique est concentré. Ils peuvent ainsi exercer facilement une pression sur les prix, les délais et imposer des usages professionnels ou locaux (l'exemple des décolleteurs dans la vallée de la Savoie en France est caractéristique ; celui des appareils photo au Japon l'est également) ;
- il est en situation de monosource. Il convient toutefois de remarquer que cette situation est éphémère dans le cas de produits à durée de vie courte pour lesquels le fournisseur doit lutter contre d'éventuels produits de remplacement ;
- il a établi une dépendance financière avec l'acheteur sous la forme de participation aux développements, aux outillages, d'acquisition d'expérience lui permettant d'offrir un prix attractif ;
- il a établi une dépendance technique avec l'acheteur sous la forme d'une qualité particulière, d'un savoir-faire ou d'un service après-vente contractuel ;
- il peut faire valoir ses performances, notamment en termes de respect du délai de réalisation et de prix, qui constituent des arguments efficaces lors des négociations.

La motivation de vos fournisseurs

Après avoir obtenu les informations ci-dessus, vous devez terminer l'analyse dynamique du segment de marché étudié par la motivation de vos fournisseurs à travailler avec vous. Cette information est de première importance pour les actions futures à mener et, hormis le fait que l'image de votre entreprise peut être attractive, vos fournisseurs ont une stratégie qui est généralement liée au potentiel de croissance du couple produit/client.

Pour un fournisseur, ce potentiel est déterminé par :

- le taux de croissance du segment (voir annexe : le cycle de vie du produit),
- le taux de croissance de ses principaux clients,
- l'évolution de sa part de marché dans le segment (voir annexe 2 : la matrice croissance/part de marché),
- la segmentation stratégique, ou répartition des ressources pour ce produit.

Illustrons deux stratégies possibles :

- Si le produit est un « poids mort » et que, par ailleurs, il ne représente qu'une très faible part de ses fabrications par exemple, vous êtes assuré que la motivation du fournisseur est des plus faibles malgré votre excellente référence client. Il conservera donc la fabrication de ce produit quelque temps pour tenir compte de cet aspect « image » mais sans y attribuer de ressources particulières.

– Si le produit est un « dilemme » mais que la stratégie du fournisseur consiste à prendre des parts de ce marché, sa motivation pour ce produit est évidemment forte.

Vous pouvez, par simplification, quantifier la motivation du fournisseur pour un produit à l'aide de deux critères qu'il convient d'apprécier en fonction de vos propres besoins :

* la répartition du produit chez le fournisseur (pourcentage en volume ou en chiffre d'affaires dans l'ensemble des fabrications),
* la part de marché détenue par le fournissseur.

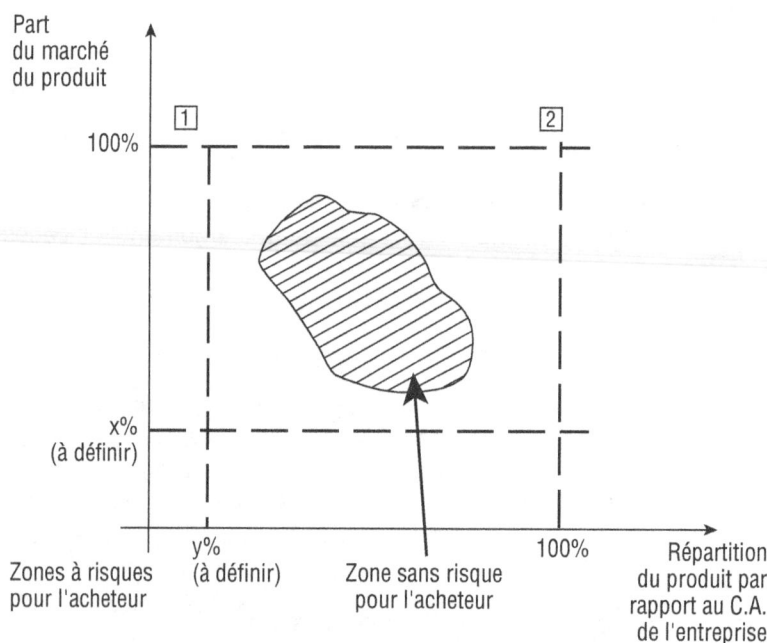

Part
du marché
du produit

① Monosource marginale.

② Monosource représentant la totalité des fabrications de l'entreprise fournisseur.

Figure 6-1 • Visualisation de la motivation du fournisseur

Dans le cas de l'étude préalable, l'analyse du marché telle que nous venons de la décrire doit s'effectuer sous forme d'enquête.

La check-list simplifiée d'analyse de marché reproduite ci-après récapitule les données permettant de connaître vos forces et faiblesses sur le segment de marché considéré et d'appréhender les opportunités éventuelles offertes par ce marché.

© Éditions d'Organisation

Cela constitue l'état de votre connaissance au sein de l'entreprise.

La visualisation du portefeuille d'activités permettra ensuite de faire un diagnostic de la situation et ainsi de déterminer des plans d'action.

Mais auparavant, la question qui se pose est la suivante : comment recueillir l'information ? Son examen fera l'objet du chapitre suivant.

CHECK-LIST SIMPLIFIÉE D'ANALYSE DU MARCHÉ

	OUI	NON
I – L'OFFRE		
1. Connaissance des fournisseurs		
– français		
– européens		
– mondiaux		
2. Le marché est-il concentré ?		
Le marché est-il atomisé ?		
3. Nombre, taille et âge des concurrents		
– nombre :		
– taille : de . . . . à		
– âge : de . . . . à		
4. Durée de vie moyenne des entreprises du segment		
5. L'offre est-elle homogène		
6. Présence des leaders		
7. Part de marché de nos principaux fournisseurs		
a)		
b)		
c)		
8. Puissance du marché fournisseur sur le segment		
– France { Chiffre d'affaires / Volume		
– Europe { Chiffre d'affaires / Volume		
– Monde { Chiffre d'affaires / Volume		
9. Puissance relative de nos principaux fournisseurs		
a)		
b)		
c)		

10. Motivation des fournisseurs pour ce produit

11. Tendance du marché :
    – Croissance
    – Équilibre

12. Santé financière de nos principaux fournisseurs
    a) . . . .
    b) . . . .
    c) . . . .

13. Obstacles à l'entrée ou à la sortie de fournisseurs
    . . . .
    . . . .
    . . . .

14. Fiabilité de nos principaux fournisseurs
    . . . .
    . . . .
    . . . .

II – LA DEMANDE

1. Connaissance des concurrents à l'achat
   • français
   • européens
   • mondiaux

2. Le marché est-il concentré ?
   Le marché est-il atomisé ?

3. Nombre, taille et âge des concurrents à l'achat
   – nombre :
   – taille : de . . . . à . . . .
   – âge : de . . . . à . . . .

4. Présence de leaders

5. Notre puissance sur le marché de la demande
   { chiffre d'affaires
   { volume

   puissance relative au plus gros concurrent
   à l'achat : . . . . %

6. Notre impact financier sur nos plus gros fournisseurs
   a) . . . . %
   b) . . . . %
   c) . . . . %

7. Existe-t-il un suivi de dérivé des prix de nos principaux fournisseurs par rapport à celui du marché acheteur ?

7
Le recueil de l'information

L'information utile à l'analyse de la situation marketing s'obtient par deux approches :

- l'approche documentaire : *desk research*,
- l'enquête terrain : *field research*,

et pour chacune d'elles, deux dimensions :

- interne,
- externe.

L'approche documentaire est de type formel.

En revanche, l'enquête terrain, nécessaire pour l'étude d'un segment de marché car 90 % des informations attendues sont de type informel, comporte un aspect relationnel, voire culturel dont il faut tenir compte.

Rappelons enfin qu'un segment de marché se définit à partir de ses deux composantes : l'offre et la demande ; ce qui oblige l'enquêteur à se renseigner non seulement sur l'offre, mais aussi sur la demande.

Nous étudierons ces différentes approches et terminerons ce chapitre par l'aspect « traitement de l'information », en donnant quelques exemples de supports utilisables.

Certaines idées et données de ce chapitre sont tirées de l'excellent ouvrage de Bruno Martinet et Jean-Michel Ribault : *La veille technologique, concurrentielle et commerciale*[1].

L'APPROCHE DOCUMENTAIRE

Les sources d'information, essentiellement formalisées, sont souvent fiables, mais elles présentent certains inconvénients comme l'inertie de l'information.

---

1. Éditions d'Organisation, Paris, 1989.

La dimension interne

Les sources internes formalisées sont généralement peu nombreuses, particulièrement dans les grands groupes industriels français. Elles se résument généralement à :

- des données informatiques souvent incomplètes ou périmées,
- quelques notes internes,
- et, rarement, des journaux d'entreprise.

La principale cause est la conception particulière qu'ont les Français du POUVOIR :

> « CELUI QUI DÉTIENT L'INFORMATION A LE POUVOIR. »

Nous utilisons d'ailleurs cette notion dès le début d'un entretien de négociation[2].

On sait en effet que le début d'un entretien de négociation est déterminant dans la conduite des opérations et l'efficacité du négociateur d'achat dépend de sa crédibilité qui doit s'affirmer dès les premiers mots.

Dans mon ouvrage déjà cité *L'entretien d'achat*, je préconise un ensemble de règles permettant à l'acheteur de se placer favorablement pour conduire l'entretien et, entre autres la règle suivante :

« Règle n° 3 : — *La présentation du vendeur terminée, informez succinctement votre interlocuteur sur la vie technico-économique de votre entreprise. Sans trahir de secret, vous montrerez ainsi votre capacité d'accès à l'information et, par conséquent, votre importance dans la décision d'achat.* »

Les causes annexes sont :

- le confort de l'indispensable
- la crainte de donner une information par écrit sans intérêt et ainsi de passer pour un incompétent,
- la difficulté de mise à jour des informations.

Cette rétention d'informations ne se rencontre pas dans d'autres pays. Citons par exemple les États-Unis, le Japon et l'Allemagne de l'Ouest.

- Les Américains écrivent beaucoup et la diffusion interne est quasi obligatoire.

---

2. Voir Roger Perrotin, *L'entretien d'achat*, Éditions d'Organisation, Paris, 1991.

— Au Japon, la notion de POUVOIR dans l'entreprise n'existe pas et la diffusion de l'information en interne est une véritable religion.
— En Allemagne de l'Ouest, le comportement général des individus est fondé sur la rigueur et le pragmatisme. L'information est donc disponible mais sous une forme procédurière.

Vous ne disposez donc que des sources informelles pour analyser la situation marketing des achats de votre entreprise.

Ce point sera donc repris dans le paragraphe traitant de l'enquête interne.

La dimension externe

Les sources d'informations formalisées sont *directes* quand l'information est disponible par une auscultation des fournisseurs du segment de marché et *indirectes* quand l'information est disponible auprès d'organismes spécialisés.

Elles constituent la première étape de l'analyse de la situation. En outre, elles sont assez efficaces pour connaître, sur les aspects historiques, aussi bien le marché de l'offre que celui de la demande. En revanche, il est difficilement envisageable de faire parvenir une fiche d'auscultation à un concurrent à l'achat.

Dans ce cas, il faudra nécessairement compléter la présente analyse par une enquête informelle.

Nous ne vous présenterons ici que quelques sources et vous conseillerons de les compléter par la lecture de l'ouvrage très exhaustif de Bruno Martinet et Jean-Michel Ribault, *La veille technologique, concurrentielle et commerciale*, déjà cité.

Les principales sources dont dispose l'acheteur dans sa recherche sont :

• la presse,
• les annuaires de base,
• les banques de données,
• l'auscultation des fournisseurs.

Examinons ces sources d'information.

La presse

Cette source, bon marché, a le désavantage de manquer de confidentialité. De plus, devant l'abondance des publications, nous ne pouvons que vous conseiller de vous adresser pour la sélection des abonnements, aux chambres syndicales des différentes professions pour la France, et aux services commerciaux des ambassades des différents pays étrangers.

Notons que ces organismes fournissent également de précieux renseignements commerciaux et stratégiques sur les secteurs et segments de marché aussi bien du point de vue historique que prévisionnel.

Les annuaires de base

Bien que les informations contenues dans les annuaires soient très générales, ces documents constituent souvent le point de départ de toute recherche documentaire. C'est le bout de la ficelle que vous tirez par la suite dans l'étude approfondie.

GUIDE DE RECHERCHE

Informations recherchées / Rubriques BdD	Produits	Fournisseurs	Données financières et comptables	Pays	Logistique
Ambassades	X			X	X
Organisateurs de salons	X	X			
Organismes financiers			X	X	
Organismes de conseil et formation			X		
Administrations, services et établissements publics	X	X		X	X
Organismes internationaux				X	
Transports et transitaires				X	X
Serveurs télématiques	X	X	X	X	
Bibliographie	X		X	X	X
Commentaires	Statistiques commerciales, caractéristiques produits, recherches de sources	Informations sur la pérennité « savoir-faire », historique	Bilans et comptes de résultats, incidents financiers	Culture, société économie politique	Formalités administratives, risque

AMBASSADES (LES PLUS PROCHES DE FRANCE)

ARABIE SAOUDITE
5, avenue Hoche
75008 Paris
01 47 66 02 06

AFGHANISTAN
32, avenue Raphaël
75016 Paris
01 45 27 66 09

AFRIQUE DU SUD
59, quai d'Orsay
75343 Paris cedex 07
01 45 55 92 37

ALBANIE
131, rue de la Pompe
75116 Paris
01 45 53 51 32

ALGÉRIE
50, rue de Lisbonne
75008 Paris
01 42 25 70 70

ALLEMAGNE
13, av. Franklin Roosevelt
75008 Paris
01 42 99 78 00

ANDORRE
26, avenue de l'Opéra
75001 Paris
01 42 61 53 33

ANGOLA
19, avenue Foch
75116 Paris
01 45 01 58 20

ARGENTINE (RÉP. D')
6, rue Cimarosa
75116 Paris
01 45 53 14 69

ARMÉNIE
34, av. des Champs-Elysées
75008 Paris
01 45 63 05 86

AUSTRALIE
4, rue Jean Rey
75724 Paris cedex 15
01 40 59 33 00

AUTRICHE
6, rue Fabert
75007 Paris
01 45 55 95 66

BAHAMAS (LES)
Haute Commission
des Bahamas
10, Chersterfield Street
London W1X8AH
(Grande-Bretagne)
00 44 01 408 44 88

BAHREIN
3 bis, pl. des Etats-Unis
75116 Paris
01 47 23 48 68

BANGLADESH
(RÉP. POP. DU)
5, square Pétrarque
75116 Paris
0145 53 41 20

BARBADE (LA)
162, avenue Louis
1050 Bruxelles (Belgique)
00 32 02 648 13 58

BELGIQUE
9,rue de Tilsitt
775840 Paris
01 44 09 39 39

BELIZE
10, Harcourt House
19A Cavendish Square
London W1M9AD
(Grande-Bretagne)
00 44 071 499 97 28

BÉNIN (RÉP. DU)
87, avenue Victor Hugo
75116 Paris
01 45 00 98 82

BIÉLORUSSIE
8, rue de Prony
75017Paris
01 43 80 08 92

BOLIVIE
12, avenue du Pdt Kennedy
75016 Paris
01 42 24 93 44

BOSNIE HERZÉGOVINE
174, rue de Courcelles
75017 Paris
01 42 67 34 22
01 47 66 12 60

BOSTWANA
169, avenue de Tervueren
1150 Bruxelles (Belgique)
00 32 02 735 20 70

BRÉSIL
34, cours Albert Ier
75008 Paris
01 45 25 92 50

BRUNEI DARUSSALAM
4, rue Logelbach
75017 Paris
01 42 67 49 47

BULGARIE
1, avenue Rapp
75007 Paris
01 45 51 85 90

BURKINA FASO
159, boulevard Hausmann
75008 Paris
01 43 59 90 63

BURUNDI
24, rue Raynouard
75016 Paris
01 45 20 60 61

CAMBODGE
11 , av. Charles Floquet
75015 Paris
01 40 65 04 70

CAMEROUN (RÉP. UNIE DU)
73, rue d'Auteuil
75016 Paris
01 47 43 98 33

CANADA
35, avenue Montaigne
75008 Paris
01 44 43 29 00

CAP-VERT (RÉP. DU)
Avenida do Restelo 33
1400 Lisbonne (Portugal)
00 351 1 61 34 00

CHILI
2, av. de la Motte Picquet
75007 Paris
01 45 5146 68

CHINE (RÉP. POP. DE)
11, avenue George V
75008 Paris
01 47 23 34 45

CHYPRE
23, rue Galilée
75008 Paris
01 47 20 86 28

COLOMBIE
23, rue de l'Elysée
75008 Paris
01 42 68 46 08

COMORES
(RÉP. FÉD. ISLAMIQUE)
20, rue Marbeau
75116 Paris
01 40 67 90 54

CONGO (RÉP. POP. DU)
37 bis, rue Paul Valéry
75116 Paris
01 45 00 60 57

CORÉE (RÉP. DÉMO. DE)
104, boulevard Bineau
92200 Neuilly sur Seine
01 47 47 94 17

CORÉE DU SUD
125, rue de Grenelle
75007 Paris
01 47 53 01 01

COSTA RICA
135, avenue de Versailles
75016 Paris
01 45 25 52 23

COTE D'IVOIRE (RÉP. DE)
102, av. Raymond Poincaré
75116 Paris
01 45 01 53 10

CROATIE
39, avenue Georges Mandel
75016 Paris
01 53 70 02 80

CUBA
16, rue des Presles
75015 Paris
01 45 67 55 35

DANEMARK
77, avenue Marceau
75116 Paris
01 44 31 21 21

DJIBOUTI (RÉP. DE)
26, rue Emile Ménier
75116 Paris
01 47 27 49 22

ÉGYPTE (RÉP. ARABE D')
56, avenue d'Iéna
75116 Paris
01 53 67 88 30

EL SALVADOR
12, rue Galilée
75116 Paris
01 47 20 42 02
01 47 23 98 03

ÉMIRATS ARABES UNIS
3, rue de Lota
75116 Paris
01 45 53 94 04

ÉQUATEUR
34, avenue de Messine
75008 Paris
01 47 20 42 02

ESPAGNE
13, avenue George V
75008 Paris
01 47 23 61 83

ESTONIE
14, bd de Montmartre
75009 Paris
01 48 01 00 22

ETATS-UNIS D'AMÉRIQUE
2, avenue Gabriel
75008 Paris
01 42 96 12 02
01 42 61 80 75

ÉTHIOPIE
(RÉP. POP ET DÉM. D')
35, av. Charles Flocquet
75007 Paris
01 47 06 83 95

FIDJI
66, avenue de Cortenberg
BP 7
1040 Bruxelles (Belgique)
00 32 02 736 90 50

FINLANDE
39, quai d'Orsay
75007Paris
 01 47 05 35 45

GABON (RÉP. GABONAISE)
36, bis avenue Raphaël
75016 Paris
01 42 24 79 60

GAMBIE
105, quai Branly
75015 Paris
01 45 79 07 05

GEORGIE
104, av. Raymond Poincaré
75016Paris
01 45 02 16 16

GHANA
8, villa Saïd
75116 Paris
01 45 00 09 50

GRANDE-BRETAGNE
35, rue du Fbg Saint-Honoré
75008 Paris
01 42 66 91 42

GRÈCE
17, rue Auguste Vacquerie
75116 Paris
01 47 23 72 28

GRENADE (LA)
24, avenue des Arts
1040 Bruxelles (Belgique)
00 32 02 230 62 65

GUATEMALA
73, rue de Courcelles
75008 Paris
01 42 27 78 63

GUINÉE (RÉP. DE)
51, rue de la Faisanderie
75116 Paris
01 47 04 81 48

GUINÉE BISSEAU
94, rue Saint-Lazare
75009 Paris
01 45 26 18 51

GUINÉE ÉQUATORIALE
6, rue Alfred de Vigny
75008 Paris
01 47 66 44 33

GUYANA
3, palace Court
Bayaswater Road
London W24LP (GB)
00 44 071 229 76 84

HAÏTI
10, rue Théodule Ribot
75017 Paris
01 47 63 47 78

HONDURAS
8, rue Crevaux
75116 Paris
01 47 55 86 45

HONG-KONG
s'adresser à
l'ambassade de
Grande-Bretagne

BOLIVIE
12, avenue du Pdt Kennedy
75016 Paris
01 42 24 93 44

HONGRIE
5 bis, square de l'avenue Foch
75116 Paris
01 45 00 41 59

INDE
15, rue Alfred Dehodencq
75116 Paris
01 40 50 70 70

INDONÉSIE
49, rue Cortambert
75116 Paris
01 45 03 07 60

IRAK
53, rue de la Faisanderie
75116 Paris
01 45 01 51 00

IRAN (RÉP. ISLAM.)
4, avenue d'Iéna
75116 Paris
01 40 69 79 00

IRLANDE (EIRE)
4, rue Rude
75116 Paris
01 45 00 20 87

ISLANDE
124, bvd Haussmann
75008 Paris
01 45 22 81 54

ISRAËL
3, rue Rabelais
75008Paris
01 40 76 55 00

ITALIE
51, rue de Varenne
75007 Paris
01 49 54 03 00

JAMAÏQUE (LA)
83-85, rue de la loi
1040 Bruxelles (Belgique)
00 32 02 230 11 70

JAPON
7, avenue Hoche
75008 Paris
01 48 88 62 00

JORDANIE
(ROYAUME HACHEMITE)
80, bvd Maurice Barrès
92200 Neuilly sur Seine
01 42 60 46 91

KAZAKHSTAN
59, rue Pierre Charon
75008 Paris
01 45 61 52 00

KENYA
3, rue Cimarosa
75016 Paris
01 45 53 35 00

KIRGHIZISTAN
s'adresser à l'ambassade
du Kazakhstan

KOWEIT
2, rue de Lübeck
75016 Paris
01 47 23 54 25

LAOS (RÉP. DÉMO. POP.)
74, av Raymond Poincaré
75116 Paris
01 45 53 02 98

LETTONIE
14, bd Montmartre
75009 Paris
01 48 01 00 44

LESOTHO
Godesberger Allee 50
53000 Bonn 2 (Allemagne)
00 49 0228 31 21 95

LIBAN
42, rue Copernic
75116 Paris
01 40 67 75 75

LIBERIA
12, place du Gal Catroux
75017 Paris
01 47 63 58 55

LIBYE
2, rue Charles Lamoureux
75116 Paris
01 45 53 40 70

LIECHTENSTEIN
s'adresser à l'ambassade
de Suisse
01 48 01 00 33

LITUANIE
14, bd Montmartre
75009 Paris

LUXEMBOURG
33, avenue Rapp
75007 Paris
01 45 55 13 37

MACÉDOINE
66, avenue Henri Martin
75116 Paris
01 45 03 28 10

MADAGASCAR
(RÉP. DÉMO. DE)
4, avenue Raphaël
75016 Paris
01 45 04 62 11

MALAISIE
32, rue Spontini
75116 Paris
01 45 53 11 85

MALAWI
20, rue Euler
75008 Paris
01 47 20 20 27

MALI (RÉP. DU)
89, rue du Cherche-Midi
75006 Paris
01 45 48 58 43

MALTE
92, avenue des Champs-
Elysées
75008 Paris
01 45 62 53 01
01 45 62 53 11

MAROC
5, rue Le Tasse
75116 Paris
01 45 20 69 35

MAURICE (ILE)
127, rue de Tocqueville
75017 Paris
01 42 27 30 19

MAURITANIE
5, rue de Montevideo
75116 Paris
01 45 04 88 54

MEXIQUE
9, rue de Longchamp
75116 Paris
01 45 53 76 43

MONACO
22, bd Suchet
75116 Paris
01 93 30 42 27

MONGOLIE
(RÉP. POP. DE)
5, avenue Robert Schumann
92100 Boulogne Billancourt
01 46 05 28 12

MOZAMBIQUE
(RÉP. POP. DU)
82, rue Laugier
75017Paris
01 47 64 91 32

MYANMAR
(UNION RÉP. DE)
60, rue de Courcelles
75008 Paris
01 42 25 56 95

NAMIBIE
80, avenue Foch
75116 Paris
01 44 17 32 65

NÉPAL
45 bis, rue des Acacias
75017Paris
01 46 22 48 67

NICARAGUA
11, rue de Sontay
75116 Paris
01 45 00 35 42

NIGER (RÉP. DU)
154, rue de Longchamp
75116 Paris
01 45 04 80 60

NIGERIA
173, avenue Victor Hugo
75116 Paris
01 47 04 68 65

NORVÈGE
28, rue Bayard
75008 Paris
01 47 23 72 78

NOUVELLE-ZÉLANDE
7 ter, rue Léonard de Vinci
75116 Paris
01 45 00 24 11

OMAN (SULTANAT D')
50, avenue d'Iéna
75116 Paris
01 47 23 01 63

OUGANDA
13, av Raymond Poincaré
75116 Paris
01 47 27 46 80

OUZBÉKISTAN
3, avenue Franklin Roosevelt
75008 Paris
01 53 83 80 70

PAKISTAN
18, rue Lord Byron
75008 Paris
01 45 62 23 32

PALESTINE
14, rue du Cdt Léandri
75015 Paris
01 48 28 66 00

PANAMA
145, av. de Suffren
75015 Paris
01 47 83 23 32

PAPOUASIE
NOUVELLE-GUINÉE
14, rue du théâtre
75015 Paris
01 45 79 68 06

PARAGUAY
27, bd des Italiens
75002 Paris
01 47 42 36 57

PAYS-BAS
7-9, rue Eblé
75007 Paris
01 40 62 33 00

PÉROU
50, avenue Kléber
75116 Paris
01 47 04 34 53

PHILIPPINES (RÉP. DES)
4, Hameau de Boulainvilliers
75116 Paris
01 44 14 57 00

POLOGNE
1, rue Talleyrand
75007 Paris
01 45 51 60 80

PORTO RICO
s'adresser à
l'ambassade des
Etats-Unis

PORTUGAL
3, rue de Noisiel
75116 Paris
01 47 27 35 29

QATAR
57, quai d'Orsay
75007 Paris
01 45 51 90 71

RÉP. CENTRAFRICAINE
30, rue des Perchamps
75116 Paris
01 42 24 42 56

RÉP. DOMINICAINE
17, rue La Fontaine
75016 Paris
01 42 88 32 96

RÉP. SLOVAQUE
125, rue du Ranelagh
75016 Paris
01 44 14 56 00

RÉP. TCHÈQUE
15, avenue Charles Floquet
75007Paris
01 47 34 29 10

ROUMANIE
5, rue de l'Exposition
75007 Paris
01 40 62 22 04

RUSSIE
40-50, boulevard Lannes
75016 Paris
01 45 04 05 50

RWANDA (RÉP. DU)
12, rue Jadin
75017 Paris
01 42 27 36 31

SAINTE-LUCIE
Kensigton Court 10
London W8 (GB)

SAINT-MARIN (RÉP. DE)
6, av Franklin Roosevelt
75008 Paris
01 49 53 08 85

SAINT VINCENT
s'adresser à
l'ambassade
de Grande-Bretagne

SAMOA OCIDENTALES
132, avenue F-D Roosevelt
1050 Bruxelles (Belgique)
00 32 02 660 84 54

SÉNÉGAL
14, avenue Robert Schuman
75007 Paris
01 47 05 39 45

SEYCHELLES
51, avenue Mozart
75016 Paris
01 42 30 57 47

SIERRA LEONE
13, avenue Hoche
75008 Paris
01 42 56 14 73

SINGAPOUR (RÉP. DE)
12, square de l'av. Foch
75116 Paris
01 45 00 33 61

SLOVÉNIE (RÉP. DE)
21, rue Bouquet de Longchamp
75116 Paris
01 47 55 65 90

SOMALIE
26, rue Dumont-d'Urville
75116 Paris
01 45 00 76 51

SOUDAN
56, avenue Montaigne
75116 Paris
01 42 25 55 73

SRI LANKA
15, rue d'Astorg
75008 Paris
01 42 60 49 99

ST KITTS AND NEVIS
s'adresser à l'ambassade
de Grande-Bretagne

SUÈDE
17, rue Barbet de Jouy
75007 Paris
01 44 18 88 00

SUISSE
142, rue de Grenelle
75007Paris
01 49 55 67 00

SURINAM
379, avenue Louise
BP 20
1050 Bruxelles (Belgique)
00 32 02 640 11 72

SWAZILAND
(RÉP. ARABE SYRIENNE)
71, rue Joseph II
1040 Bruxelles (Belgique)
00 32 02 230 00 44
00 32 02 230 01 69

SYRIE
(RÉP. ARABE SYRIENNE)
20, rue Vaneau
75007Paris
01 40 62 61 00

TANZANIE
(RÉP. UNIE DE)
70, bd Pereire
75017 Paris
01 47 66 21 77

TAIWAN
(représentation commerciale)
Far East Trade Service
25, rue d'Astorg
75008 Paris
01 42 66 05 12

TCHAD (RÉP. DU)
65, rue de Belles-Feuilles
75116 Paris
01 45 53 36 75

THAÏLANDE
8, rue Greuze
75116 Paris
01 47 04 32 22

TOGO
8, rue Alfred Rool
75017 Paris
01 43 80 12 13

TONGA
Embassy of the Kingdom
of Tonga
NZ House - Haymarket
London SW1X8NT (GB)
00 44 71 245 93 51

TUNISIE
25, rue Barbet de Jouy
75007 Paris
01 45 55 95 98

TURKMÉNISTAN
13, rue Picot
75016 Paris
01 47 55 05 36

TURQUIE
16, avenue de Lamballe
75016 Paris
01 45 24 52 24

UKRAINE
21, avenue de Saxe
75007 Paris
01 43 06 07 37

URUGUAY
15, rue Le Sueur
75116 Paris
01 45 00 81 37

VATICAN)
(nonciature du ST Siège)
10, avenue du Pdt Wilson
75116 Paris
01 47 23 58 34

VENEZUELA
11, rue Copernic
75116 Paris
01 45 53 29 98

VIETNAM
(RÉP. SOCIALISTE DU)
62, rue Boileau
75016 Paris
01 44 14 64 00

YÉMEN
25, rue Georges Bizet
75116 Paris
01 47 23 61 76

ZAÏRE (RÉP. DU)
32, cours Albert Ier
75008 Paris
01 45 25 57 50

ZAMBIE
76, avenue d'Iéna
75116 Paris
01 47 23 43 52

ZIMBABWE
5, rue de Tilsitt
75008 Paris
01 47 63 48 31

BOLIVIE
12, avenue du Pdt Kennedy
75016 Paris
01 42 24 93 44

Pays sans représentation en Europe :
Iles Salomon
Kiribati
La Dominique, Trinité et Tobago
Les Maldives
Nauru
Vanuatu

ORGANISATEURS DE SALONS

COSMEETING
4, rue Eblé
75007 Paris
01 53 69 69 69

MESSE DÜSSELDORF
Novea (représentant
en France)
3, rue du Pont
28700 Bleury
02 37 31 17 64

MESSE FRANKFURT
72, rue Louis Blanc
75010 Paris
01 44 89 67 70

REED EXHIBITION
COMPANIES
11, rue du Colonel P. Avia
75015 Paris
01 41 90 46 76

SOFTBANK COMDEX
Tour Franklin
La Défense
92042 Paris Cedex 11
01 47 73 12 20

ORGANISMES FINANCIERS

BANQUE DE FRANCE
39, rue Croix des Petits-
Champs
75002 Paris
01 42 92 26 51

BANQUE PARIBAS
3, rue d'Antin
75078 Paris cedex 02
01 42 98 12 34

B.F.C.E.
21, bd Haussmann
75427 Paris cedex 09
01 48 00 48 00

B.N.P.
20, bd des Italiens
75002 Paris
01 40 14 45 46

COFACE
12, cours Michelet
La Défense 10
92800 Puteaux
01 49 02 20 00

CRÉDIT LYONNAIS
Tour Générale
5, place des Pyramides
9200 Paris La Défense
01 47 76 37 14

SOCIÉTÉ GENERALE
Tour Société Générale
17, cours Valmy
92972 Paris La Défense Cedex
01 42 14 20 00

BANQUE PARIBAS
3, rue d'Antin
75078 Paris cedex 02
01 42 98 12 34

B.F.C.E.
21, bd Haussmann
75427 Paris cedex 09
01 48 00 48 00

ORGANISMES DE CONSEIL ET DE FORMATION

DESTINATION BUSINESS
91, rue du Fbg Saint-Honoré
75730 Paris
01 42 06 67 90

EXTRÊME-ORIENT
CONSEIL
30, rue Boissière
75116 Paris
01 47 27 63 68

NORD SUD EXPORT
CONSEIL
4, rue de Penthièvre
75008 Paris
01 47 42 25 74

ADMINISTRATIONS, SERVICES ET ÉTABLISSEMENTS PUBLICS

ACECO
10, rue Fresnel
75116 Paris
01 47 23 50 37

AFCI
45, avenue d'Iéna
75116 Paris
01 49 69 37 00

CFCE
10, avenue d'Iéna
75016 Paris
01 40 73 30 00

CHAMBRE DE COMMERCE
ET D'INDUSTRIES
FRANÇAISES À L'ÉTRANGER
2, rue de Viarmes
75001 Paris
01 45 08 39 10

MEDEF
31, rue Pierre Ier de Serbie
75116 Paris
01 40 69 44 44

DGDDI
14, rue Yves Toudic
75010 Paris
01 40 40 39 00
01 42 60 35 90

DIRECTION DES JOURNAUX
OFFICIELS
36, rue Desaix
75727 Paris Cedex 15
01 40 58 78 78

DIRECTION NATIONALE
DES STATISTIQUES
DU COMMERCE EXTERIEUR
61, chemin d'Etang
31055 Toulouse cedex
05 61 41 11 78

DOCUMENTATION
FRANÇAISE
31, quai Voltaire
75007 Paris
01 40 15 70 00

DUN AND BRADSTREET
FRANCE
17, avenue de Choisy
75013 Paris
01 40 77 07 07

FÉDÉRATION FRANÇAISE
DES SOCIÉTÉS
D'ASSURANCE
36, bd Haussmann
75009 Paris
01 42 47 90 00

INSEE
18, bd Adolphe Pinard
75014 Paris
01 45 50 12 12

MINISTÈRE DE L'ÉCONOMIE
139, rue de Bercy
75012 Paris
01 40 04 04 04

OBSERVATOIRE
ÉCONOMIQUE
195, rue de Bercy
Tour Gamma A
75012 Paris
01 43 45 73 74

CFCE
10, avenue d'Iéna
75016 Paris
01 40 73 30 00

ORGANISMES INTERNATIONAUX

BANQUE AFRICAINE
DE DÉVELOPPEMENT
Avenue Joseph Anoma
01 BP 1387
Abidjan 01(Côte d'Ivoire)
00 225 20 44 44

BANQUE ASIATIQUE
DE DÉVELOPPEMENT
6ADB Avenue
Mandaluyong city
Metro Manila (Philippines)
00 63 2 711 38 51

BANQUE MONDIALE
66, avenue d'Iéna
75016 Paris
01 40 69 30 00

BERD
One Exchange Square
London ECZA2EH (GB)
00 44 33 86 397

BIRD
66, avenue d'Iéna
75116 Paris
01 40 69 30 00

CHAMBRE DE COMMERCE
FRANCE/AMÉRIQUE LATINE
217, bd St Germain
75007 Paris
01 45 44 03 40

CHAMBRE DE COMMERCE
FRANCO-ARABE
93, rue Lauriston
75016 Paris
01 45 53 20 12

CHAMBRE DE COMMERCE
FRANCO-ASIATIQUE
94, rue Saint-Lazare
75009 Paris
01 45 26 67 01

CHAMBRE DE COMMERCE
INTERNATIONAL
38, cours Albert Ier
75008 Paris
01 49 53 28 28

CNUCED
Palais des Nations
1211 Genève 10 (Suisse)
00 41 22 907 12 34

CONSEIL DE L'EUROPE
Avenue de l'Europe
67075 Strasbourg cedex
03 88 41 20 00

COUR INTERNATIONAL
DE JUSTICE
Palais de la Paix Carnegieplein
NL 25417 KJ La Haye
(Pays Bas)
00 31 302 23 23

FMI
700, 19th Street NW
Washington D.C. 20431 (USA)
00 1 62 36 505

OCDE
2, rue André Pascal
75016 Paris
01 45 24 82 00

OMC
154, rue de Lausanne
1211 Genève 21 (Suisse)
00 41 22 739 51 11

OMPI
34, chemin des Colombettes
1211 Genève (Suisse)
00 41 22 730 91 11

ONU
1, rue Miollis
75015 Paris
01 45 68 10 00

UEO
43, av. du Pdt Wilson
75016 Paris
01 47 23 54 32

TRANSPORTS ET TRANSITAIRES

ASLOG
119, rue Cardinet
75017 Paris
01 40 53 85 59

CENTRE NATIONAL
D'ÉTUDE DE LA LOCATION
DE VÉHICULES
30, rue Eugène Flachat
75017 Paris
01 43 80 64 18

COMITÉ CENTRAL
DES ARMATEURS
DE FRANCE
73, bd Haussmann
75008 Paris
01 42 65 36 04

COMITÉ NATIONAL
ROUTIER
8, villa Bosquet
75007 Paris
01 45 55 95 94

CONSEIL NATIONAL
DES USAGERS
DES TRANSPORTS
5, rue Paul Cézanne
75008 Paris
01 43 67 17 10

CONSEIL NATIONAL DES
TRANSPORTS
34, av. Marceau
75008 Paris
01 47 23 01 25

CONSEILS ÉTUDES
ET TRANSPORTS
AÉRIENS
INTERNATIONAUX
101, rue Saint-Lazare
75009 Paris
01 45 26 64 36

OBSERVATOIRE
ÉCONOMIQUE
ET STATISTIQUE
DES TRANSPORTS
55, rue Brillat Savarin
75013 Paris
01 45 89 89 27

SYNDICAT NATIONAL
DES GROUPEURS DE FRET
BP 10462
95708 Roissy Aéroport
Charles de Gaulle
01 38 62 34 58

FÉDÉRATION FRANÇAISE DES ORGANISATEURS
COMMISSIONNAIRES DE TRANSPORTS
75, rue de Clichy
75009 Paris
01 45 26 20 66

SERVEURS TÉLÉMATIQUES

KNIGHT RIDDER
INFORMATION
130-132, rue de Normandie
92418 Courbevoie cedex
01 46 67 78 78
ou 01 46 67 78 80
Fournit tous types
de renseignements,
sur abonnements

08 36 29 92 63 MEETING
Informations sur les salons
professionnels en France
et à l'étranger

3617 BILANTEL
Informations financières
sur les sociétés, possibilités
d'effectuer des recherches
sur l'historique des incidents
financiers

3617 EURIDILE
Informations financières
sur les sociétés européennes

08 36 29 11 11 INFOGREFFE
Informations remises
aux tribunaux de commerce

3617 FIRMNET
Listes de fournisseurs et
de contacts à l'international.
Possibilité de commander
des listes pour effectuer
des mailings

08 36 29 12 34 KOMPASS
MONDE
Liste d'entreprises fréquem-
ment mise à jour, mais assez
peu précise ; très bien pour
une première approche

3616 CEDIM
Informations, documents,
adresses… sur le transport
maritime européen

08 36 29 45 15 COMPUTER
BASE
Recherche de produits
en fonction de l'utilisation
souhaitée

3617 BDF CDB
Ratios économiques et
financiers, historique bancaire

ATLASECO
Indices économiques
et statistiques par produit
et/ou pays

3617 ECOGEO
Informations économiques,
culturelles, démographiques,
géographiques… par pays

3615 IBISCUS
Données macro-économiques,
essentiellement sur les P.V.D.

3617 MONDEXPORT
Informations sur les marchés,
les foires et salons, les
importateurs et exportateurs
français et étrangers

3616 LOGIFRET
Fichier d'offres de transports.
Il est également possible
d'obtenir des devis

3617 PRATEX
Coordonnées de transporteurs
maritimes et aériens

08 36 29 15 30
Recherches d'articles
de presse par thèmes.
Il est également possible de
commander les magazines

08 36 29 10 01 COLIBRIS
Informations légales
internationales

08 36 29 10 01 ESOP
Informations économiques,
politiques et sociales à l'international
et par thèmes

BIBLIOGRAPHIE

Presse   Bimensuel du NSE
Courrier International
Far Easten Economie Review
Financial Times
Le Cercle du Cyclope
Le Moci
L'Usine Nouvelle
Marchés de l'Est

Ouvrages   Incoterms 1990, ICC Publishing S.A.
Les Contrats de Commerce Internationaux, Jean Delacollette, Ed De Boëck
S'Internationaliser – Stratégies et techniques, Anne Desyne et Jacques
Duboin, Ed Dalloz

L'auscultation des fournisseurs

Cette opération, très connue des acheteurs, doit être bien structurée.

Dans l'esprit de l'étude préalable conduisant à l'analyse de la situation marketing, elle a pour but d'obtenir des informations technico-économiques de base permettant de quantifier les contraintes du marché (voir chapitre 8 « Visualisation du portefeuille des achats »).

Le questionnaire à envoyer aux fournisseurs doit être prospectif, c'est-à-dire permettre de se faire une idée sur leur politique à trois ou cinq ans.

Un exemple de questionnaire est donné dans la partie Marketing opérationnel, plus particulièrement dans le chapitre traitant de la connaissance du marché.

C'est à partir de cette étude que les qualiticiens pourront intervenir auprès des fournisseurs pour s'assurer de leur capacité technique à exécuter les ordres de l'acheteur.

La démarche de qualification des fournisseurs peut se résumer selon le Schéma 7-3.

Figure 7-3 • Schéma logique de qualification des fournisseurs

L'ENQUÊTE TERRAIN

Une enquête destinée à l'analyse de la situation marketing des achats de l'entreprise est une véritable négociation dans la mesure où les questions sont posées à des êtres humains.

Cette enquête nécessite les deux préalables suivants

– le choix de l'enquêteur,
– les moyens à mettre en œuvre.

Examinons ces deux points.

QUI DOIT ENQUÊTER ?

Cette question fait immédiatement penser à un roman policier ! Dans le cadre de notre étude, il est exclu d'envisager que l'enquête prenne l'allure d'un interrogatoire, surtout en interne. Sans empiéter sur le chapitre réservé à la structure du service Marketing achats, il est clair que l'enquêteur doit être capable de dialoguer *en interne* avec :

– la direction générale,
– les acheteurs spécialistes du segment de marché si ce n'est pas lui-même,
– les techniciens chargés de concevoir, réaliser et mettre au point le produit final,
– les gestionnaires,
– les logisticiens, approvisionneurs et agents de production,
– les représentants du service commercial,
– etc.

et *en externe,* avec :

– les représentants des organismes officiels du secteur
– les fournisseurs à tous les niveaux de la hiérarchie.

C'est dans tous les cas un homme de contact qui doit être capable d'apporter un « PLUS » aux interviewés car :

POUR ÊTRE INFORMÉ, IL FAUT INFORMER.

COMMENT ENQUÊTER ? ou les moyens à mettre en œuvre.

Ils comprennent deux aspects : l'un est général et l'autre fonction de la dimension interne ou externe.

D'une manière générale, toute négociation, ou contact avec un enjeu, doit suivre un certain nombre de règles.

La toute première est de tenir compte du style de son interlocuteur. Dans un but de simplification, nous définirons le style d'un individu par l'attitude qu'il adopte lors des contacts engagés.

Pour obtenir les meilleurs résultats, vous devez reconnaître l'attitude significative de votre interlocuteur afin d'établir un climat favorable à la relation. En effet, vous adopterez un comportement symétrique au sien de manière à être en phase avec lui[1].

L'étude des différents styles ainsi que les constantes entre les individus ont été longuement détaillées dans mes deux précédents ouvrages auxquels je renvoie le lecteur[2].

---

1. Voir à ce sujet : A. Cayrol et P. Barrière, *La programmation neuro-linguistique*, Éditions ESIF-Entreprise Moderne d'Edition, ouvrage qui traite des outils de calibration et synchronisation très utiles à l'approche négociatrice.
2. *Acheter avec profit, op. cit.* ; *L'entretien d'achat, op. cit.*

© Éditions d'Organisation

Notons toutefois que la culture de l'entreprise est déterminante dans le style de l'individu.

Dans de nombreux cas, particulièrement chez les cadres, le comportement adopté est souvent « décalqué » sur celui du supérieur hiérarchique. Ce phénomène, se retrouve à tous les niveaux de la hiérarchie. La prise de contact est donc très importante car votre interlocuteur ne dialoguera que s'il est convaincu que la démarche reçoit l'aval de son supérieur hiérarchique.

C'est aussi vrai dans les PME que dans les grands groupes industriels. Un véritable cérémonial doit s'instaurer.

De mon expérience, je tire les enseignements suivants :

– Contacter d'abord le chef du bureau d'études pour lui exposer le but de l'enquête ainsi que ses conséquences entraîne une préréunion avec un adjoint et l'interlocuteur désigné, qui considère la démarche comme une obligation, c'est-à-dire un interrogatoire.
– Contacter directement l'interlocuteur privilégié que vous avez détecté comme le personnage le plus apte à répondre à vos demandes suscite invariablement l'inquiétude de celui-ci sur l'accord de sa hiérarchie et crée donc un climat défavorable au dialogue.
– Enfin, contacter d'abord cet interlocuteur privilégié pour lui soumettre la démarche et lui proposer d'en parler à sa hiérarchie donne souvent des résultats positifs.

En effet, le chef du bureau d'études proposera une réunion au cours de laquelle il rappellera son organisation et confirmera que son subordonné présent est bien l'homme de la situation ; et ce dernier, connaissant la démarche, l'appréhendera sous un aspect plutôt positif car il essaiera d'en tirer des avantages.

Par ailleurs, et je l'ai vérifié à différentes reprises, cette réunion d'initialisation peut être faite avec l'ensemble des services ou fonctions concernés.

Dans tous les cas, cette première prise de contact doit obligatoirement être verbale (en tête-à-tête ou téléphoniquement) pour garder son caractère relationnel.

Ensuite, vous devrez, lors de votre contact pour enquête, respecter les règles suivantes :

1) débuter par la description des objectifs de l'étude marketing achats,
2) décrire les avantages offerts par cette analyse et les « plus » que l'étude marketing doit apporter à votre interlocuteur,
3) valoriser votre interlocuteur,
4) évoquer les problèmes propres au segment de marché à étudier.

Distinguons maintenant les dimensions interne et externe.

La dimension interne

Nous sommes en présence des problèmes relationnels évoqués plus haut avec cette rétention d'information bien connue.

Le recueil de l'information s'effectue nécessairement selon un processus interactif.

Que ce soit l'acheteur responsable de la famille de produits ou un enquêteur du service marketing achats, nous rencontrons, lors du premier contact, les deux raisonnements extrêmes suivants :

– ou bien le marché est « très spécial » et il faut de nombreuses années pour bien le connaître !
– ou bien l'organisation des achats de l'entreprise est telle qu'il est impossible de mieux faire !

Quoi qu'il en soit, après être « entré dans la bulle » de votre interlocuteur, c'est-à-dire après avoir adopté un style correspondant au sien (analytique, coopérant, arrangeant, procédurier, etc.), le support que constitue la liste des contraintes avec la grille de cotation (voir le chapitre 8 « Visualisation du portefeuille des achats ») est un outil de dialogue très performant.

Le seul vrai problème réside dans la réponse à la question QUI FAIT QUOI ?

Il n'est pas rare, en effet, de rencontrer des entreprises au sein desquelles 80 % du personnel fait des achats.

La dimension externe

Une enquête de nature externe doit être structurée pour éviter de perdre du temps.

Dans un ordre indifférent, citons quelques sources d'information :

• les filiales en France et à l'étranger,
• les missions à l'étranger,
• les fédérations et syndicats professionnels,
• les services commerciaux des ambassades,
• les fournisseurs eux-mêmes,
• les congrès et colloques professionnels,
• les licenciés du même bailleur de licence,

© Éditions d'Organisation

- le réseau des spécialistes et experts internationaux des deux ou trois matériaux principaux,
- les salons et expositions,
- les visites organisées.

Dans tous les cas, les informations se « prennent » et ne se « donnent » pas. Pour un acheteur, cela veut dire « SORTIR DE L'ENTREPRISE ».

Si nous éliminons le cas des responsables d'achats qui gèrent leur service en termes d'approvisionnement et non en termes d'achats, il n'y a pas d'impossibilité à la prise d'informations sur le terrain par les acheteurs. Il est évident que ceux qui traitent leurs achats de manière sédentaire ont une vue « très étriquée » du marché fournisseur de leurs produits. C'est une contrainte lourde qui peut entraîner des blocages ou ruptures d'approvisionnement.

Ainsi, l'enquête terrain se concrétise par des visites qui, pour être efficaces, se préparent. Au-delà des méthodes habituelles concernant la préparation de réunions, vous devez tenir compte ou plutôt accepter les différences culturelles.

En effet, dans le domaine international qui est le nôtre dans le cadre de l'étude marketing achats, tenir compte du style d'un fournisseur potentiel consiste à accepter sa culture car elle détermine à travers les valeurs, les croyances, les idéologies, les comportements ou les usages sociaux, un style partagé par l'ensemble des individus du même groupe.

Obtenir de l'information de la part d'un Japonais ou d'un Américain nécessite de votre part un effort d'adaptation.

Cet effort d'adaptation commence par l'information de votre interlocuteur à travers une « plaquette d'achat »[1], car répétons-le :

VOUS NE SEREZ INFORMÉ QUE SI VOUS INFORMEZ.

Je renvoie le lecteur à mon ouvrage *L'entretien d'achat* déjà cité dans lequel bon nombre de conseils sont donnés pour traiter des affaires avec les ressortissants de cinq pays ; les États-Unis, le Japon, l'Allemagne, la Grande-Bretagne et l'Italie.

Nous ne donnerons ici que le tableau récapitulatif ainsi que deux conseils concernant la prise de contact avec les Américains et les Japonais.

Aux *États-Unis* lors des salutations, il est très important de répéter le nom de votre interlocuteur, quitte à le lui faire redire si vous avez mal compris, celui-ci sera agréablement surpris de voir que vous vous intéressez à lui. Vous donnerez ensuite le vôtre en lui serrant fermement la main.

---

1. Ce point sera détaillé dans le chapitre « Communication ».

Votre carte de visite doit être simple, porter le logo de votre société mais surtout pas le libellé de votre diplôme ou de l'école d'où vous sortez.

En outre, prévoyez une plaquette commerciale de votre entreprise avec un rapport annuel.

En revanche, les relations avec les *Japonais* sont plus complexes. D'une manière générale, l'industriel japonais vous place dans une position telle (physique) ou sur un mode de réflexion tel (intellectuel) que vous puissiez trouver vous-même l'élément d'information.

Enfin, la révérence remplace la poignée de main et le déroulement de l'entretien a une allure complexe car il pratique la notion subtile du « détour » : un Japonais est très capable de tourner indéfiniment autour d'une question sans jamais vraiment l'aborder.

Pour terminer cette revue des moyens mis à votre disposition pour mener une enquête sur le terrain, abordons le problème de la connaissance du marché à l'achat.

De nombreux acheteurs nous posent la question suivante : « Comment connaître le marché achats de nos confrères ? ».

La réponse est contenue dans ce chapitre car il n'y a pas de différence avec le marché de l'offre : les moyens sont les mêmes et quand vous allez par exemple au salon des composants électroniques, rien ne vous empêche de prendre contact avec les acheteurs présents sur le même stand que vous, il est probable qu'ils aient les mêmes besoins que vous.

Tableau 7-4 •Tableau récapitulatif des caractéristiques comportementales relatives à cinq pays
extrait de *L'entretien d'achat Tactiques de négociation*, Éditions d'Organisation, Paris, 1991.

Pays	Utilisation du temps	Utilisation de l'espace	Le discours
ÉTATS-UNIS	– On traite les affaires sur-le-champ ; le temps, c'est de l'argent – On modifie facilement ce qui était prévu initialement	– La notion de territoire n'est pas formalisée – On fait facilement abstraction de l'entourage lors d'une discussion avec un interlocuteur	– Est très analytique (direct et peu cérémonial)
JAPON	– Très structuré et méthodique, on a tendance à globaliser – L'agenda est tenu avec précision et on s'en tient à l'ordre du jour	– On est très formaliste sur la proxémie pour mettre à l'aise les protagonistes – Le centre du local est très privilégié, que ce soit professionnellement ou dans le lieu d'habitation	– Est subtil et indirect. On cultive l'art du détour

/.../

ALLEMAGNE	– On ne fait qu'une seule chose à la fois et avec méthode – On s'en tient à l'ordre du jour	– On a un sens très développé de la territorialité – Le désordre et l'intrusion sont intolérables (ex: porte ouverte)	– Est très analytique (direct et peu cérémonial)
GRANDE-BRETAGNE	– Il faut impérativement créer une «ambiance» pour traiter une affaire, le temps passe au second plan – On modifie facilement le plan prévu	– On ne personnalise pas l'espace et le phénomène d'intrusion existe peu	– Est varié et modulé en amplitude pour ne pas gêner
ITALIE	– On globalise et les affaires sont traitées dès la confiance obtenue	– On a le sens de la propriété mais on vit assez bien dans le désordre	– Est vivant, très détaillé et imagé

Pays	Prise de décision	Type de relation cherchée	Mode pour convaincre	Comportement social
ÉTATS-UNIS	– La décision est préparée en groupe mais les pouvoirs sont donnés au négociateur	– Relation à court terme – Recherche de l'affrontement	– Très concret et démonstratif – Le négociateur américain ne s'implique jamais personnellement mais fait appel au rapport de force	– Centré sur les résultats, le négociateur américain se préoccupe peu de ce que l'on pense de lui – Les problèmes émotionnels sont sans importance
JAPON	– Par consensus de l'ensemble du groupe concerné	– Relation à long terme – Mise en sécurité par la confiance mutuelle – Recherche du compromis	– Modestie – Respect et valorisation de l'autre sans flatterie – Patience	– Sauver la face est impératif, même pour l'adversaire
ALLEMAGNE	– Le négociateur délégué ne peut s'écarter de règles et procédures très strictes	– Relation à court terme – Conciliation	– Très concret et analytique (il faut des preuves pour convaincre)	– Rigueur et pragmatisme – Besoin d'être rassuré
GRANDE-BRETAGNE	– La décision est prise par le négociateur délégué	– Court ou long terme suivant l'enjeu – Recherche de bonne relation	– Sentimental – Contournement et brouillage de cartes	– Recherche d'une bonne ambiance – Fait confiance – Aime rire
ITALIE	– La décision est prise par le négociateur délégué	– Court ou long terme suivant l'enjeu – Recherche d'une relation de confiance	– Surargumentation – Dialectique vivante – Débats animés	– Il faut sauver la face à tout prix, c'est une question d'honneur – Emotif et sentimental

Quelques exemples de support utilisables

Utilisés systématiquement, les supports proposés ici peuvent rendre de grands services.

Matrice pour connaître les fournisseurs en site unique (Tableau 7-5)

Nos concurrents à l'achat des produits	F1	F2	Nos fournisseurs		F
A1	X		....		
A2		X			
•					
•					
•					
•					
•					
•					
An	X			X	

Tableau 7-5 • Exemple de matrice qui fournit qui ?

Les matrices multisites

Ces supports sont très utilisés dans les grands groupes industriels pour centraliser la puissance d'achat. Nous en donnons trois modèles correspondant chacun à des cas différents (Tableaux 7-6, 7-7 et 7-8).

Familles de produits				Usines du groupe		
	A	B	C	....		
Famille 1	CA					
Famille 2		CA	CA			
Famille 3						

CA : *chiffre d'affaires achats*

Tableau 7-6 • Matrice de dispersion de l'offre d'achat

Fournisseurs par CA décroissant	Fournisseurs			
Familles de produits	F1	F2	....	Fn
Famille 1	CA			
Famille 2		CA		
• • • • • •				

Nota : *cette matrice permet de récupérer les fournisseurs majeurs.*

Tableau 7-7 • Matrice de dispersion des familles d'achat

	Usines du groupe			
Fournisseurs	A	B	C	....
F1	CA	CA		
F2			CA	
• • • • • • •				

**Tableau 7-8 • Matrice de repérage de la concurrence à l'achat
entre usines du même groupe**

Les informations dont nous disposons maintenant nous permettent de faire le constat de la situation marketing existante ; c'est l'objet du chapitre suivant.

8
La visualisation du portefeuille des achats

Visualiser le portefeuille des achats consiste à représenter les forces et faiblesses de l'activité achats de l'entreprise dans le but d'identifier et hiérarchiser les actions à mener.

L'outil employé est la carte représentative des analyses menées précédemment et donc, à un instant donné, le constat de la situation marketing achats de l'entreprise. C'est un outil marketing car les données prises en compte sont soit internes, soit externes, c'est-à-dire celles du marché.

Plusieurs outils ont été élaborés par des chercheurs et consultants (Institut de Recherche de l'Entreprise, Mac Kinsey etc.) et nous nous inspirons de leurs travaux pour vous donner une solution graphique la plus simple possible d'emploi.

Nous examinerons dans ce chapitre :

– la recherche des contraintes d'achat,
– la représentation graphique de ces données,
– et enfin nous donnerons quelques exemples de réalisations.

LA RECHERCHE DES CONTRAINTES D'ACHAT

Une contrainte est un frein à l'achat, c'est-à-dire un manque de liberté plus ou moins important pour traiter l'acte d'approvisionnement suivant la politique d'achat définie et les besoins de l'entreprise.

Les limites sont : l'optimisation des paramètres prix, qualité, délai, pérennité etc., et la barrière à l'entrée ou à la sortie du ou des fournisseurs, c'est-à-dire le « NON CHOIX ».

Deux paramètres permettent de caractériser les contraintes d'achat :

– leur origine : interne ou externe,
– leur cause : commerciale ou technique.

L'origine est le paramètre dominant et la démarche d'identification des contraintes consiste à examiner les freins à l'achat sous l'angle interne ou externe puis, dans chacun des cas, à déterminer si la cause est d'ordre technique ou commercial (Figure 8-1).

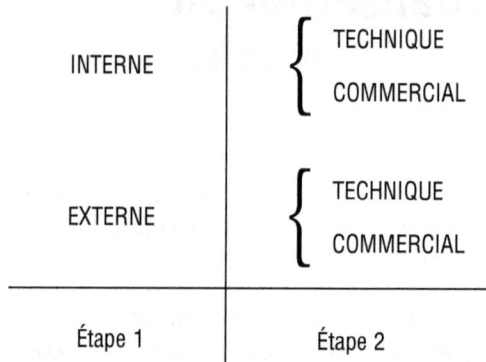

Figure 8-1 • Démarche d'identification des contraintes d'achat

Les contraintes internes

Ce sont les contraintes que l'entreprise se donne à elle-même et répercute sur le marché fournisseur.

Citons quelques exemples et déterminons leur cause.

LIBELLÉ	CAUSE
• manque de prévision	• commerciale
• limitation à un périmètre d'achats restreint	• commerciale (peut-être également technique)
• faible puissance d'achat	• commerciale
• cahier des charges draconien	• technique
• délai de transfert important (lenteur du processus d'homologation)	• technique

Les contraintes externes

Ce sont celles que le marché exerce sur les achats de l'entreprise.

Citons quelques exemples en déterminant leurs causes.

LIBELLÉ	CAUSE
• capacité de production faible du marché	• commerciale
• situation de monosource	• commerciale
• technologie à évolution rapide	• technique
• maîtrise de la technologie	• technique

La démarche

Elle consiste à dresser la liste des contraintes, puis à quantifier leur intensité.

Pour établir cette liste des contraintes, deux approches sont possibles :

a) utiliser une liste type de contraintes issue d'études ou de documentations existantes et dégager les contraintes pouvant s'appliquer à l'entreprise ;
b) établir une liste de contraintes particulières à l'entreprise ; cette liste peut être évolutive.

Nous avons expérimenté la seconde approche, plus précise que la première, dans le cadre d'études menées avec des entreprises de trois secteurs : aéronautique, électrique et spatial.

Pour quantifier l'intensité des contraintes, afin de tenir compte d'un éventuel *obstacle* à l'achat (voir chapitre 6 « L'analyse du marché »), nous avons retenu le système de notation général suivant :

La contrainte due à « . . . . » est-elle

– sans impact pour l'achat ?	=	0
– un peu gênante ?	=	1
– gênante dans certains cas ?	=	2
– plutôt gênante ?	=	3
– source de difficultés majeures ?	=	4
– bloquante ?	=	5

La notation « 5 » est réservée au cas :

– de rupture d'approvisionnement,
– ou de défaut majeur dont il faut se préoccuper en priorité.

Nous avons constaté que dans presque tous les cas, il était plus facile de raisonner en « relatif », c'est-à-dire de quantifier chaque contrainte par rapport, d'une part, à la politique d'achat et, d'autre part, aux besoins fondamentaux de l'entreprise.

C'est un réflexe qui consiste à mettre en parallèle, dès la phase d'analyse des contraintes, les trois données de base : besoins fondamentaux, marché et politique d'achat (Figure 8-2).

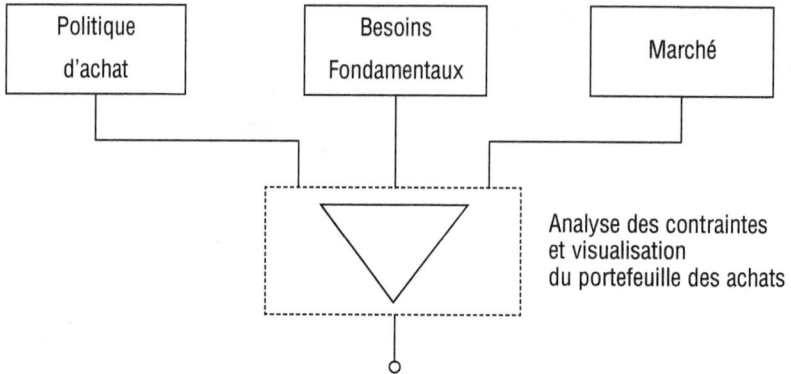

Figure 8-2 • Les trois éléments de l'analyse du portefeuille des achats

Sur le plan de l'organisation et du recueil de l'information, la notation de l'intensité des contraintes est établie par chaque acheteur, pour chacune des familles de produits relevant de sa compétence d'achat.

Pour chaque famille, l'acheteur concerné doit commenter ses appréciations lors d'une réunion de consolidation à laquelle participent les différents services de l'entreprise : bureau d'études, marketing vente, service production/ fabrication et autres.

On obtient ainsi, par famille, quatre tableaux comme celui ci-après :
– tableau des contraintes internes commerciales (Tableau 8-3),
– tableau des contraintes internes techniques,
– tableau des contraintes externes commerciales,
– tableau des contraintes externes techniques.

Contraintes	0	1	2	3	4	5
Fournisseur imposé				●		
Manque de prévisions		●				
Délai trop court exigé			●			
Manque de puissance d'achat	●					
Regroupement des achats	●					
Compensations industrielles					●	
"						
"						
"						

Tableau 8-3 • Représentation quantitative des contraintes

Liste type de contraintes

a) Contraintes internes commerciales

- fournisseur imposé
- politique d'achat imposée
- manque de prévisions
- pas de regroupement des achats
- surestimation des aspects sécurité des approvisionnements
- délai trop court exigé
- absence de communication interne
- intervenants multiples avec le fournisseur
- pertinence du dossier d'achat (suivi de la dérive des prix, éléments de marché, contrôle de performance des fournisseurs, etc.)
- prix d'achat imposé
- éloignement géographique des marchés choisis
- limitation à un périmètre d'achat restreint
- lourdeur administrative
- organisation achats inadaptée
- connaissance du marché de l'offre
- connaissance du marché de la demande
- puissance d'achats sur le marché mondial
- puissance d'achats sur le secteur (aéronautique, par exemple) à l'échelle mondiale
- puissance d'achats sur le marché France
- puissance d'achats sur le secteur (aéronautique, par exemple) à l'échelle de la France
- coût de transfert élevé
- délai de transfert
- fournisseur dans le groupe
- compensations industrielles

b) Contraintes internes techniques

- niveau de qualité
- du cahier des charges
- cahier des charges draconien
- assurance qualité
- pas d'analyse de la valeur
- lenteur du processus d'homologation
- difficulté d'homologation venant des clients

- fabricant imposé par les services techniques
- désignation du produit inadapté avec celle du marché
- pas de liste d'équivalence
- engagement technique préliminaire
- pas d'analyse de la valeur
- qualité demandée inhabituelle sur le marché
- technologie à évolution non maîtrisée
- transfert de savoir-faire
- secret de fabrication
- modifications techniques fréquentes, demandées en cours de réalisation
- pas d'étude de standardisation
- pas de normalisation
- produit nouveau (sans historique achat)
- fournisseur en situation de monosource (choix technique unique)
- confidentialité

c) Contraintes externes commerciales

- fournisseur inadapté au secteur
- situation relationnelle tendue (pour des raisons historiques par exemple)
- entente sur le marché
- spéculation
- pénurie d'origine politique
- capacité de production faible du marché
- monopole ou monosource commerciale
- étroitesse du marché (nombre de concurrents)
- absence de manifestation professionnelle
- éloignement géographique des marchés
- législation contraignante
- brevet
- quantité minimum à l'achat
- protection politique ou sociale
- dynamisme et motivation du marché de nos fournisseurs
- habitude gênante du marché fournisseur
- système de distribution rigide
- flexibilité du fournisseur (réactivité)
- puissance du marché fournisseur
- subventions publiques reçues par le fournisseur
- durée de vie des produits
- obligation d'après-vente

d) Contraintes externes techniques

- situation de monosource technologique
- écart culturel entre fournisseurs et clients
- technologie à évolution rapide
- produit non « ciblé » pour le fabricant
- absence de liste d'équivalence
- nombreuses solutions techniques
- absence de normes
- qualité non adaptée à notre demande
- réglementation contraignante
- performance de nos fournisseurs
- organisation technique du fabricant inadaptée
- durée de vie des produits
- maîtrise de la technologie par très peu de fournisseurs
- transfert de savoir-faire du fournisseur (dépendance technique)

Cette liste, non exhaustive, doit vous permettre de faire un choix de critères pour l'élaboration de la liste correspondant à l'activité de votre entreprise.

LA REPRÉSENTATION GRAPHIQUE

Elle a pour but, à partir d'une visualisation simple :

- de faire le constat de l'existant en termes de marketing,
- de hiérarchiser les actions à mener,
- de permettre un diagnostic de la situation achats de l'entreprise.

Modèles de représentation

La représentation graphique peut différer en fonction de l'activité de l'entreprise.

Par exemple, dans le cas de fabrication en grande série et avec un enjeu financier déterminant, on peut présenter le résultat de l'analyse des contraintes par un graphe dont l'abscisse représente la notation des contraintes et l'ordonnée, l'enjeu financier selon l'analyse de Pareto (Figure 8-4). Pour plus d'explications, se référer à mon livre *Acheter avec profit, op. cit.*

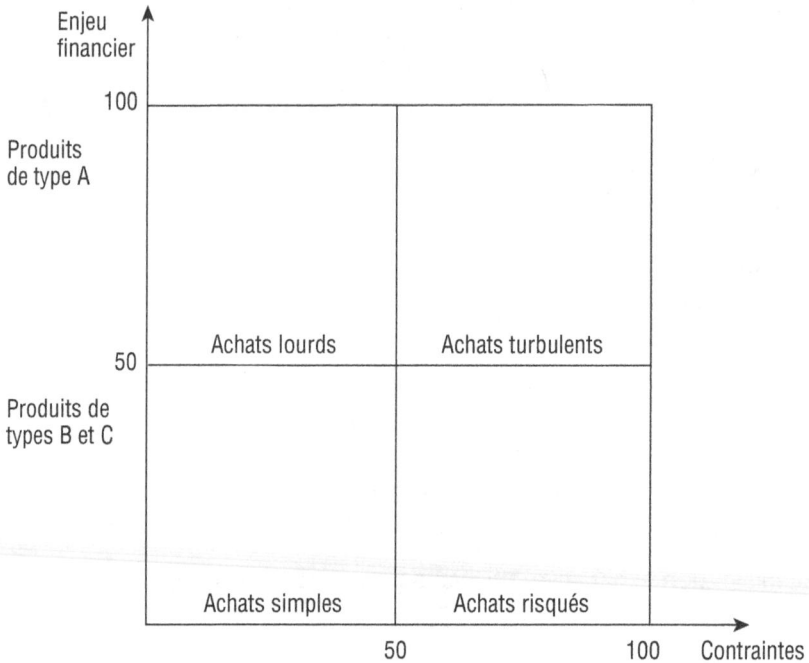

(Modèle tiré de l'analyse de Mac Kinsey)

Figure 8-4 • Exemple de représentation de portefeuille d'activités

En revanche, dans le cas où l'enjeu est de nature différente : financière, technique, stratégique ou autre, une autre forme de représentation peut être utilisée comme le présente la figure 8-5. On présente le résultat de l'analyse des contraintes par un graphe dont l'abscisse représente la notation des contraintes externes et l'ordonnée la notation des contraintes internes. Le point résultant des coordonnées d'un exemple précis est le centre d'un cercle dont la taille représente la valeur relative du critère retenu : financier, technique ou stratégique (par exemple, 1 cm = 1 MF).

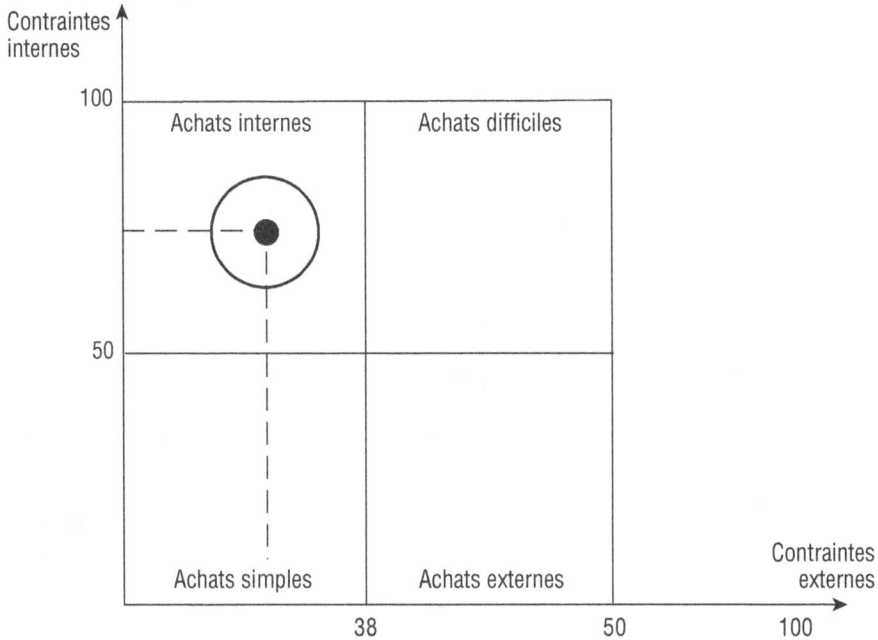

Figure 8-5 • Le modèle CEGOS de présentation de l'analyse des contraintes

Citons quelques exemples de critères stratégiques :

– achats sur plans chez des fournisseurs imposés et possédant les outillages du client (cas des fournisseurs du secteur automobile),
– produits constituant les moteurs de la fusée Ariane par rapport aux autres composants de production,
– produits embarqués sur avion par rapport aux autres composants de production,
– produits en « développement » représentatifs de l'image de l'entreprise.

Quelle que soit la représentation utilisée, il est utile de personnaliser les produits ayant une contrainte notée « 5 » dans le but d'attribuer des ressources en priorité sur ce produit.

Pondération des contraintes

La pondération des contraintes, bien que non indispensable, est souhaitable car elle permet de :

– « grossir à la loupe » les contraintes les plus importantes,
– rendre le résultat de l'analyse indépendant du nombre de critères retenus.

Pour obtenir une intensité totale de 100 pour les contraintes internes ou externes, soit 50 pour les causes commerciales et 50 pour les causes techniques, on peut par exemple pondérer comme suit :

– attribuer un coefficient de 5 à la plus forte,
– attribuer un coefficient de 2 à la suivante,
– attribuer un coefficient de 2 à la suivante,
– attribuer un coefficient de 1 à la suivante.
   Total des coefficients :   10

Vous trouverez un exemple concret à la fin de ce chapitre.

Bien entendu, toute autre forme de pondération est envisageable.

Nous venons ainsi de privilégier les quatre contraintes les plus fortes pour chacune des causes.

L'échantillon est suffisamment grand pour représenter les faiblesses actuelles ou prévisionnelles du système d'achat et c'est sur elles que porteront les actions à mener.

EXEMPLES DE RÉALISATION

Le premier exemple, volontairement incomplet, est tiré d'une étude réalisée pour le compte d'une entreprise du secteur aéronautique.

La liste et la quantification des contraintes ont été établies grâce à :

– un extrait du catalogue de quantification des contraintes,
– la représentation graphique correspondante pour la famille technologique des interruptions.

Le second exemple constitue le support permettant la représentation graphique des achats d'une usine appartenant à un groupe industriel du secteur électrique.

© Éditions d'Organisation

EXEMPLE 1
Analyse des contraintes et représentation du portefeuille des achats dans le domaine aéronautique

Extrait du catalogue des contraintes d'achat

POLITIQUE D'ACHAT IMPOSÉE

La politique achat de notre entreprise nous impose un certain nombre de règles, par exemple : la taille du marché (nationale, internationale...), mono-source/multisources, fidélisation des fournisseurs actuels, partenariat avec des filiales... Ces règles constituent-elles une contrainte :

– sans impact pour l'achat ?	= 0
– un peu gênante ?	= 1
– gênante dans certains cas ?	= 2
– plutôt gênante ?	= 3
– source de difficultés majeures ?	= 4
– bloquante ?	= 5

FOURNISSEUR IMPOSÉ

La hiérarchie ou l'environnement impose un fournisseur et un seul. Cette contrainte est-elle :

– nulle ?	= 0
– un peu gênante ?	= 1
– gênante dans certains cas ?	= 2
– plutôt gênante ?	= 3
– source de difficultés majeures ?	= 4
– un obstacle à l'achat ?	= 5

MANQUE DE PRÉVISIONS

L'expression des besoins quantitative et qualitative pour passer commande est-elle :

– parfaitement définie : en quantité et en qualité ?	= 0
– imprécise : légèrement surestimée ou sous-estimée ?	= 1
– manquant de fiabilité ?	= 2
– plutôt aléatoire mais exploitable ?	= 3
– difficilement exploitable ?	= 4
– un obstacle à l'achat ?	= 5

ABSENCE DE COMMUNICATION INTERNE

Le niveau et la nature de la communication interne (relations entre services demandeurs et utilisateurs) sont-ils :

– excellents ? Les relations sont spontanées et sans hiérarchisation.	= 0
– très satisfaisants ? Les relations sont excellentes mais nécessitent toutefois une prise de rendez-vous.	= 1
– plutôt satisfaisants ? Les contacts sont excellents mais à partir de notes d'informations obligatoires et avec accord de la hiérarchie.	= 2
– satisfaisants ? Les contacts sont relativement bons mais difficiles à obtenir avec les supérieurs des autres services.	= 3

– non satisfaisants ? Les contacts sont difficiles à établir et les relations sont tendues.   = 4
– un obstacle à l'achat.   = 5

DÉLAI

Pour effectuer correctement l'acte d'achat le délai prévisionnel est-il :
– compatible avec les cycles normaux de traitement de commande et fabrication du fournisseur ?   = 0
– plutôt satisfaisant ?   = 1
– satisfaisant mais nécessitant un traitement rapide de la commande ?   = 2
– acceptable compte tenu des contraintes achat mais nécessitant des actions particulières auprès du fournisseur ?   = 3
– pénalisant au niveau économique par exemple ou avec des risques majeurs sur les respects des délais ?   = 4
– un obstacle à l'achat ?   = 5

NOTION D'ARGUMENTAIRE DE NÉGOCIATION (dérive des prix)

Cette information est-elle :
– parfaitement connue ? Nous disposons des outils de négociation, telle que la dérive des prix ?   = 0
– très satisfaisante ?   = 1
– satisfaisante ?   = 2
– aléatoire ?   = 3
– peu exploitable ?   = 4
– un obstacle à l'achat ?   = 5

PAS DE REGROUPEMENT DES ACHATS

Le regroupement de nos besoins avec d'autres services achats du groupe est-il :
– correctement réalisé ? Tous les besoins identiques au sein de la société (toutes divisions confondues) sont exprimés à temps avec suffisamment de précision pour une parfaite consolidation.   = 0
– satisfaisant ? La consolidation est effectuée partiellement et permet de bénéficier de l'effet de synergie.   = 1
– peu satisfaisant ? On regroupe en général des besoins des différents services au sein de la même usine, d'où un impact limité.   = 2
– réalisé très partiellement ou de façon aléatoire, ou tardivement, d'où un effet limité sur les conditions d'achat ?   = 3
– réalisé occasionnellement et avec un impact marginal ?   = 4
– un obstacle à l'achat ?   = 5

ÉLOIGNEMENT GÉOGRAPHIQUE DES MARCHÉS[1]

Les marchés pour lesquels nous sommes concernés sont excentrés, cet éloignement est-il :

---

1. Cette rubrique pourrait être intégrée dans les « contraintes externes » si nous subissons le marché au lieu de le choisir ou s'il nous est imposé en interne.

- sans aucune incidence sur l'achat ? Cet éloignement ne nuit pas aux
  conditions d'achat.   = 0
- limité ?   = 1
- limité à l'Europe ?   = 2
- un inconvénient mineur ? Quelques marchés éloignés entraînent des difficultés d'achat et nécessitent des actions particulières (suivi, visites pério-
  diques et cycles plus longs).   = 3
- un inconvénient majeur ? Les marchés sont très difficiles à approcher et
  nécessitent un suivi et des frais coûteux.   = 4
- un obstacle à l'achat ?   = 5

PRIX D'ACHAT IMPOSÉ

La politique achat de notre entreprise nous impose un prix, cette contrainte
- nulle ? Le prix n'est pas imposé.   = 0
- sans impact ? Le prix d'achat imposé est tout à fait acceptable et correspond aux meilleurs prix du marché.   = 1
- un peu gênante ? Car il est difficile d'obtenir le prix imposé, du fait de nombreuses modifications à appliquer sur le matériel.   = 2
- gênante dans certains cas ? L'obtention du prix imposé est une contrainte
  si l'on doit obtenir également des délais optimums ou un niveau de qualité
  suffisant.   = 3
- très gênante ? Il est très difficile de trouver le fournisseur qui peut nous
  donner le niveau de prix imposé.   = 4
- un obstacle à l'achat ? La contrainte est telle qu'elle ne permet pas l'achat
  dans ces conditions.   = 5

LIMITATION À UN PÉRIMÈTRE D'ACHAT RESTREINT

La hiérarchie ou l'environnement impose des fournisseurs basés géographi-
quement à proximité (fournisseurs...). Cette contrainte est-elle :
- nulle ? Il y a suffisamment de fournisseurs concurrentiels dans l'environnement immédiat.   = 0
- un peu gênante ? On pourrait obtenir une meilleure connaissance du marché avec des fournisseurs extra-locaux.   = 1
- gênante dans certains cas ? On est persuadé que d'autres fournisseurs
  sont plus intéressants en dehors du périmètre habituel ?   = 2
- plutôt gênante ? On subit des contraintes achats en restant dans le périmètre (prix élevé, délais, ...)   = 3
- source de difficultés majeures ? On est tributaire de fournisseurs peu per-
  formants en limitant le périmètre et on ne peut pas acheter dans de
  bonnes conditions.   = 4
- un obstacle à l'achat ?   = 5

MANQUE DE NOTATION DES FOURNISSEURS

Les outils que nous possédons pour juger nos fournisseurs sont-ils :
- efficaces ? Il existe un indicateur (ou plusieurs) qui prend en compte tous
  les paramètres et qui est régulièrement mis à jour.   = 0
- très satisfaisants ? Les principaux indicateurs sont disponibles, mais il faut
  en faire la demande auprès des autres services.   = 1

- satisfaisants ? Nous possédons les indicateurs achats, mais ils ne sont pas systématiquement mis à jour.   = 2
- gênants dans certains cas ? Les indicateurs ne sont pas suivis régulièrement et ne couvrent pas tous les aspects.   = 3
- plutôt gênants ? Les données sont peu fiables et ne peuvent être prises en compte à coup sûr pour décider du choix du fournisseurs   = 4
- un obstacle à l'achat ?   = 5

STATUT CONTRAIGNANT DES OUTILLAGES

Notre définition peut entraîner le développement d'outillages spécifiques ou complexes chez le fournisseur ; cette contrainte est-elle :
- nulle ? Il n'y a pas d'outillages spécifiques à développer.   = 0
- faible ? Il faut développer un outillage, mais il est simple et peu coûteux dans le milieu industriel habituel.   = 1
- un peu gênante ? L'outillage à développer n'est pas standard.   = 2
- plutôt gênante ? L'outillage nécessite des techniques assez spécifiques ou onéreuses, ce qui limite l'éventail des fournisseurs potentiels.   = 3
- source de difficultés ? L'outillage fait appel à une technique de pointe, ce qui limite considérablement les fournisseurs potentiels et le rend coûteux.   = 4
- un obstacle à l'achat ? Le développement des outillages est tel que l'on ne peut trouver de fournisseurs.   = 5

COMPENSATION

Le contexte impose des échanges internationaux qui nécessitent d'acheter à des fournisseurs situés dans les pays clients pour assurer des contreparties ; par exemple, cette contrainte est-elle :
- nulle ? Aucune compensation.   = 0
- un peu gênante ? Il faut au moins consulter les fournisseurs et acheter une partie du matériel dans les pays considérés.   = 2
- plutôt gênante ? Il y a un taux minimum de contreparties imposé ; par exemple 10 % du CA du fournisseur avec notre entreprise.   = 3
- source de difficultés majeures ? Les fournisseurs choisis doivent impérativement être situés dans les zones soumises à compensation.   = 4
- un obstacle à l'achat ? Les fournisseurs potentiels dans les pays à compensation ne répondent pas à nos besoins.   = 5

CONNAISSANCE DU MARCHÉ À LA VENTE

Nous connaissons le prix du marché des produits que nous approvisionnons, par exemple prix obtenu par d'autres clients…, cette information est-elle :
- parfaitement connue ? Nous connaissons avec précision le prix obtenu par d'autres clients pour les conditions que nous demandons.   = 0
- très satisfaisante ? Nous connaissons le niveau de prix moyen du marché.   = 1
- satisfaisante ? Nous avons des informations de prix sur nos produits ou sur des produits similaires.   = 2
- gênante ? Dans certains cas, nos informations sur les coûts ne sont pas toujours fiables ou ne correspondent pas à nos volumes de marché.   = 3
- peu exploitable ? Les quelques informations que nous possédons sont peu exploitables (produits très différents).   = 4
- un obstacle à l'achat ?   = 5

CONNAISSANCE DU MARCHÉ ACHETEUR

Nos informations sur le marché acheteur (notre puissance sur le marché, le nombre et la taille des acheteurs concurrents, la présence d'un leader...) sont-elles :
– parfaitement connues ? = 0
– très satisfaisantes ? = 1
– satisfaisantes ? = 2
– aléatoires ? = 3
– peu exploitables ? = 4
– nulles ? Elles constituent un obstacle à l'achat. = 5

PUISSANCE D'ACHAT SUR LE MARCHÉ

Le volume de notre marché est-il tel :
– que nous n'avons aucun problème pour trouver des fournisseurs à des conditions très satisfaisantes ? = 0
– le marché est suffisamment attractif pour que nous puissions nous approvisionner dans des conditions qui restent acceptables ? = 1
– le nombre de fournisseurs est assez limité, mais la concurrence existe et les conditions d'achat sont acceptables ? = 2
– nous avons peu de fournisseurs, mais l'extension du nombre de fournisseurs est possible avec des investissements limités ? = 3
– notre marché est faible et entraîne des difficultés majeures pour obtenir des conditions acceptables et garantir la fiabilité de notre approvisionnement ? = 4
– il est un blocage à l'achat ? = 5

PUISSANCE D'ACHAT SUR LE MARCHÉ AÉRONAUTIQUE MONDIAL

Le volume de notre marché est-il tel que :
– nous n'avons aucun problème pour trouver des fournisseurs à des conditions très satisfaisantes ? = 0
– le marché est suffisamment attractif pour que nous puissions nous approvisionner dans des conditions qui restent acceptables ? = 1
– le nombre de fournisseurs est assez limité, mais la concurrence existe et les conditions d'achat sont acceptables ? = 2
– nous avons peu de fournisseurs, mais l'extension du nombre de fournisseurs est possible avec des investissements limités ? = 3
– notre marché est faible et entraîne des difficultés majeures pour obtenir des conditions acceptables et garantir la fiabilité de notre approvisionnement. = 4
– il est un blocage à l'achat ? = 5

PUISSANCE D'ACHAT SUR LE MARCHÉ FRANCE

Le volume de notre marché est-il tel que :
– nous n'avons aucun problème pour trouver des fournisseurs à des conditions très satisfaisantes ? = 0
– le marché est suffisamment attractif pour que nous puissions nous approvisionner dans des conditions qui restent acceptables ? = 1

– le nombre de fournisseurs est assez limité, mais la concurrence existe et les conditions d'achat sont acceptables ? = 2

– nous avons peu de fournisseurs, mais l'extension du nombre de fournisseurs est possible avec des investissements limités ? = 3

– notre marché est faible et entraîne des difficultés majeures pour obtenir des conditions acceptables et garantir la fiabilité de notre approvisionnement ? = 4

– il est un blocage à l'achat ? = 5

PUISSANCE D'ACHAT SUR LE MARCHÉ AÉRONAUTIQUE FRANCE

Le volume de notre marché est-il tel que :

– nous n'avons aucun problème pour trouver des fournisseurs à des conditions très satisfaisantes ? = 0

– le marché est suffisamment attractif pour que nous puissions nous approvisionner dans des conditions qui restent acceptables ? = 1

– le nombre de fournisseurs est assez limité, mais la concurrence existe et les conditions d'achat sont acceptables ? = 2

– nous avons peu de fournisseurs, mais l'extension du nombre de fournisseurs est possible avec des investissements limités ? = 3

– notre marché est faible et entraîne des difficultés majeures pour obtenir des conditions acceptables et garantir la fiabilité de notre approvisionnement ? = 4

– il est un blocage à l'achat ? = 5

PRÉSENCE DU FOURNISSEUR DANS LE GROUPE

La politique achat de notre entreprise nous impose une filiale de notre groupe comme fournisseur, cette contrainte est-elle :

– sans impact pour l'achat ? = 0
– un peu gênante ? = 1
– gênante dans certains cas ? = 2
– plutôt gênante ? = 3
– source de difficultés majeures ? = 4
– un obstacle à l'achat ? = 5

Représentation du portefeuille des achats

Les quatre tableaux 8-6 à 8-9 donnent la liste des quatre types de contraintes concernant cette entreprise du secteur aéronautique ainsi que leur quantification.

En revanche, la table des cercles mesurant l'impact financier relatif à chaque ligne de produit est volontairement sans échelle pour des raisons de confidentialité (figure 8-10).

CONTRAINTES	0	1	2	3	4	5
Fournisseur imposé	⊗					
Politique d'achat imposée	⊗					
Manque de prévision	⊗					
Absence de communication interne	⊗					
Délai trop court exigé		⊗				
Notion d'argumentaire de négociation (dérive de prix)					⊗	
Pas de regroupement des achats	⊗					
Éloignement géographique des marchés	⊗					
Prix d'achat imposé	⊗					
Limitation à un périmètre d'achat restreint	⊗					
Absence de notation des fournisseurs					⊗	
Statut contraignant des outillages	⊗					
Compensation	⊗					
Connaissance du marché à la vente				⊗		
Connaissance du marché acheteur					⊗	
Puissance d'achat sur le marché mondial					⊗	
Puissance d'achat sur le marché aéronautique mondial			⊗			
Puissance d'achat sur le marché France			⊗			
Puissance d'achat sur le marché aéronautique France			⊗			
Présence d'un fournisseur dans le groupe	⊗					

Tableau 8-6 • Analyse des contraintes internes commerciales

CONTRAINTES	0	1	2	3	4	5
Cahier des charges	⊗					
Cahier des charges draconien		⊗				
Assurance qualité	⊗					
Pas d'analyse de valeur	⊗					
Service achats boîte à lettres	⊗					
Difficulté d'homologation venant des clients	⊗					
Lenteur du processus d'homologation			⊗			
Produit en fin de série	⊗					
Qualité inhabituelle sur le marché	⊗					
Technologie à évolution non maîtrisée	⊗					
Secret de fabrication	⊗					
Engagement technique préliminaire	⊗					
Fournisseur en situation de mono-source (choix technique unique)					⊗	

Tableau 8-7 • Analyse des contraintes internes techniques

CONTRAINTES	0	1	2	3	4	5
Entente sur le marché	⊗					
Spéculation	⊗					
Pénurie d'origine politique (embargo)	⊗					
Faible capacité de production du marché	⊗					
Absence de manifestation professionnelle	⊗					
Monopole ou monosource	⊗					
Législation contraignante	⊗					
Brevet	⊗					
Habitude gênante du marché fournisseur		⊗				
Rigidité du système de distribution	⊗					
Flexibilité du fournisseur (réactivité)		⊗				

Tableau 8-8 • Analyse des contraintes externes commerciales

CONTRAINTES	0	1	2	3	4	5
Ecart culturel entre fournisseur et client	⊗					
Technologie à évolution rapide	⊗					
Absence de liste d'équivalence			⊗			
Coût élevé des outillages					⊗	
Nombreuses solutions techniques	⊗					
Série mini à l'achat	⊗					
Réglementation	⊗					
Durée de vie des produits	⊗					

Tableau 8-9 • Analyse des contraintes externes techniques

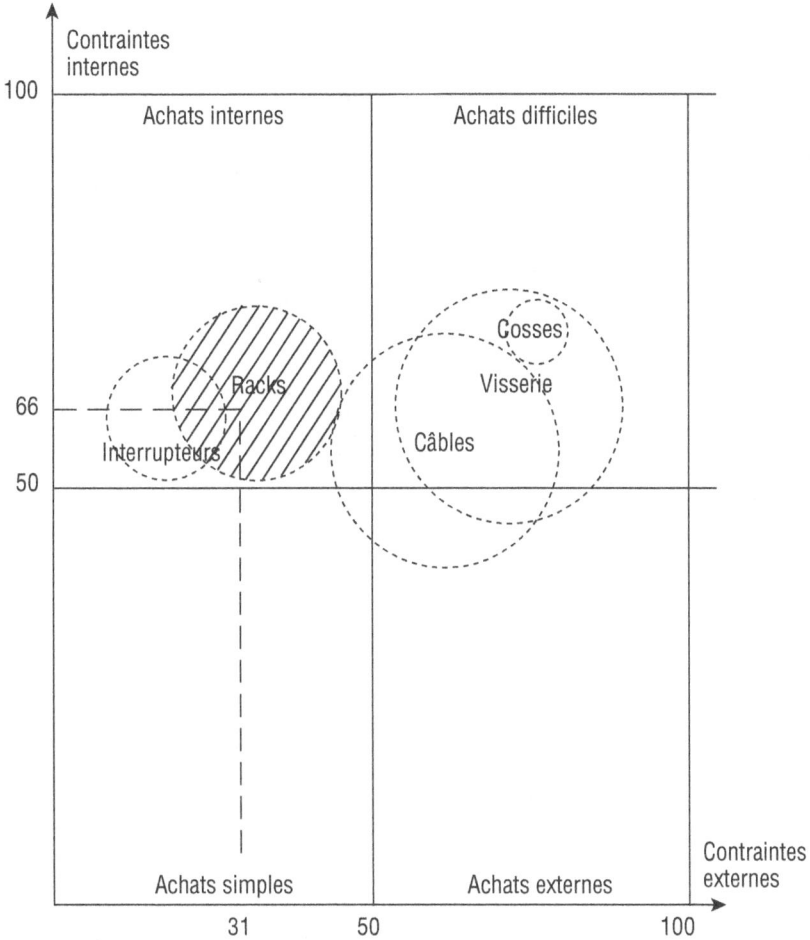

Figure 8-10 • Visualisation du portefeuille des activités

Cotation de la famille des interrupteurs

Contraintes internes commerciales
$(4 \times 5) + (4 \times 2) + (4 \times 2) + (4 \times 1) = 40$

Contraintes internes techniques   Sous-total = 66/100
$(4 \times 5) + (2 \times 2) + (1 \times 2) + (0 \times 1) = 26$

Contraintes externes commerciales
$(1 \times 5) + (1 \times 2)$ $= 7$

Contraintes externes techniques   Sous-total = 31/100
$(4 \times 5) + (2 \times 2)$ $= 24$

EXEMPLE 2
Support de quantification des contraintes

La représentation graphique des contraintes d'achat est largement facilitée par l'utilisation d'un support tel que celui présenté ci-après. D'une grande simplicité, il permet aussi bien à l'acheteur chargé d'une mission marketing qu'au responsable des achats, de présenter un ensemble de résultats dans des conditions optimales.

ACHETEUR : _____   DATE : _____

**QUANTIFICATION
DES CONTRAINTES EXTERNES**

USINE : _____   FAMILLE : _____

COMMERCIALES

Pges	CONTRAINTES	0	1	2	3	4	5
1	Fournisseur imposé						
2	Manque de prévision						
3	Manque de puissance d'achat						
4	Eloignement géographique des marchés						
5	Résistance au changement						
6	Manque de cotation fournisseur						
7	Statut contraignant des outillages en dépôt (Queue de gamme)						
8	Regroupement d'achats						
9	Sécurité d'approvisionnement						
10	Délai trop court						
	TOTAL						

TECHNIQUES

Pges	CONTRAINTES	0	1	2	3	4	5
11	Cahier des charges draconien						
12	Assurance qualité						
13	Pas d'analyse de la valeur						
14	Lenteur des processus d'homologation						
15	Produit en phase de fin de vie						
16	Qualité inhabituelle sur le marché fournisseur						
17	Technologie à évolution non maîtrisée par l'entreprise						
18	Engagements techniques préliminaires						
19	Définition (produit non figé)						
	TOTAL						

© Éditions d'Organisation

ACHETEUR : _____   DATE : _____

QUANTIFICATION
DES CONTRAINTES EXTERNES

USINE : _____   FAMILLE : _____

COMMERCIALES

Pges								
	CONTRAINTES	0	1	2	3	4	5
20	Entente sur le marché						
21	Capacité de production faible du marché						
22	Monopole ou étroitesse du marché fournisseur						
23	Brevet						
24	Système de distribution rigide						
25	Fournisseurs incompétents						
26	Rigidité commerciale						
27	Situation relationnelle tendue						
28	Quantité mini à l'achat						
29	Motivation FRS pour le produit Part < à 10 %						
30	Part du marché de tous les FRS doit être > à 20 %						
	TOTAL						

TECHNIQUES

Pges								
	CONTRAINTES	0	1	2	3	4	5
31	Technologie à évolution rapide						
32	Monopole technologique						
33	Coût élevé des outillages						
34	Nombreuses solutions techniques						
35	Absence de norme						
	TOTAL						

ACHETEUR : _____

FAMILLE : _____

* QUANTIFICATION DES CONTRAINTES INTERNES	COMMERCIALES	+ =
	TECHNIQUES	
* QUANTIFICATION DES CONTRAINTES EXTERNES	COMMERCIALES	+ =
	TECHNIQUES	

+

TOTAL   / 2 =   _____

Légende :
+ forte note x 5 =
2e " " x 2 =
3e " " x 2 =
4e " " x 1 =

NATURE DES ACTIONS À RÉALISER

(PARTICIPANTS – COÛTS – DÉLAIS – OBJECTIFS)

_____

_____

_____

_____

_____

_____

_____

_____

Fait le _____

Le problème maintenant posé, il s'agit d'émettre un diagnostic, car il convient :

— de déterminer les contraintes qui peuvent entraîner des risques tels que la rupture d'approvisionnement en un surcoût d'achat ne permettant plus à l'entreprise de tirer un quelconque bénéfice,
— de hiérarchiser les actions à mener.

C'est ce que nous allons examiner dans le chapitre suivant.

© Éditions d'Organisation

9
Le diagnostic de la situation

Faire un diagnostic consiste à porter des jugements sur la situation marketing des achats.

Le diagnostic a plusieurs objectifs qui se traduisent en définitive par le choix du type d'actions à mener pour réduire les vulnérabilités d'approvisionnement :

– il doit vous aider à une meilleure maîtrise des contraintes (internes et externes),
– il doit servir de guide à l'allocation judicieuse des ressources que vous pouvez consacrer à l'étude.

Une meilleure maîtrise des contraintes consiste à déterminer celles pouvant occasionner des risques pour l'entreprise. Cette indication est évidemment fondamentale pour prendre une décision.

Dans ce chapitre, nous ferons une première approche stratégique à partir de la matrice de visualisation du portefeuille d'activités. Puis nous examinerons les contraintes entraînant des risques d'approvisionnement pour l'entreprise et, enfin, nous établirons un plan d'action pour couvrir ces risques.

PREMIÈRES APPROCHES STRATÉGIQUES

Chaque responsable de ligne de produits dispose d'une matrice de visualisation de ses contraintes comportant la position des familles d'achats dont il a la responsabilité.

Ce premier outil lui permet de définir les moyens d'action.

Reprenons notre matrice de visualisation du portefeuille des achats (Figure 9-1).

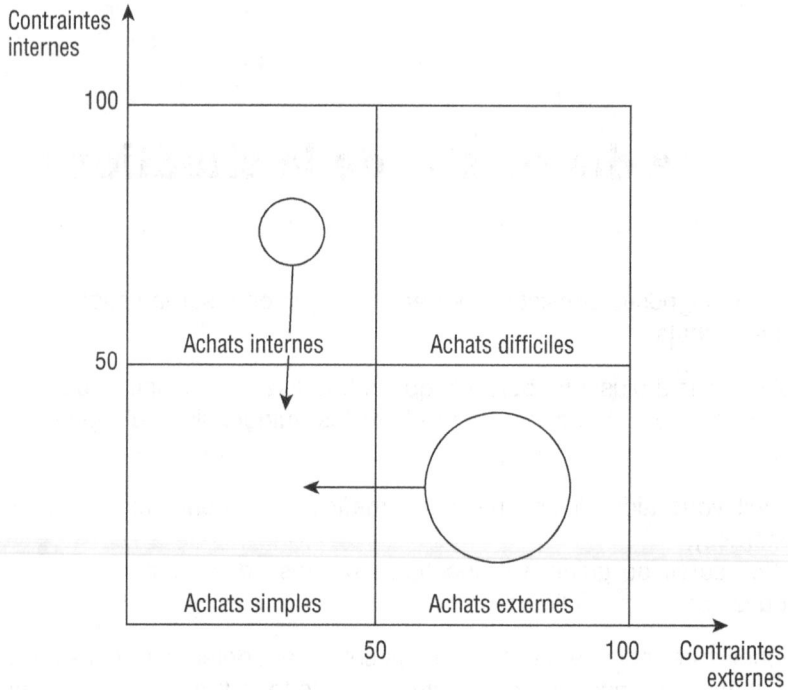

Figure 9-1 • Représentation des contraintes. Les objectifs à atteindre

L'objectif de chaque responsable d'achats est de ramener vers la zone achats simples tous les achats dont il a la charge. Pour y parvenir, il lui faut :

– vérifier son *organisation* en termes de répartition de portefeuille en fonction de critères d'enjeux financiers ou stratégiques (taille des cercles) ;
– disposer du *personnel* compétent.

La Figure 9-2 illustre de manière simplifiée le profil souhaité des intervenants.

Contraintes
internes
100

Acheteur technicien	Acheteur de haut niveau
– Capable de participer à des groupes de travail sur l'analyse de la valeur, la conception à coûts objectifs ; – capable d'aider à l'élaboration du cahier des charges ; – bon animateur de réunions.	– Réunissant l'ensemble des compétences des autres secteurs de contraintes ; – capable de provoquer des réunions de décision au niveau de la direction générale.
Achats internes	Achats difficiles
Acheteur de type relationnel	Acheteur/négociateur
– On attend de lui un service ; c'est donc un homme de contact, débrouillard ; – il doit savoir utiliser les tactiques de marchandage ; – être capable de remettre en cause son parc fournisseurs en permanence ; – c'est un acheteur plutôt « approvisionneur ».	– C'est avant tout un bon commercial sachant tirer partie de toutes les opportunités ; – son envergure est internationale ; – grand « veilleur » aussi bien technologique que commercial, il doit être capable de mettre son entreprise en relation avec le marché ; – capable d'effectuer des études de marché.
Achats simples	Achats externes

50

50   100 Contraintes
                                     externes

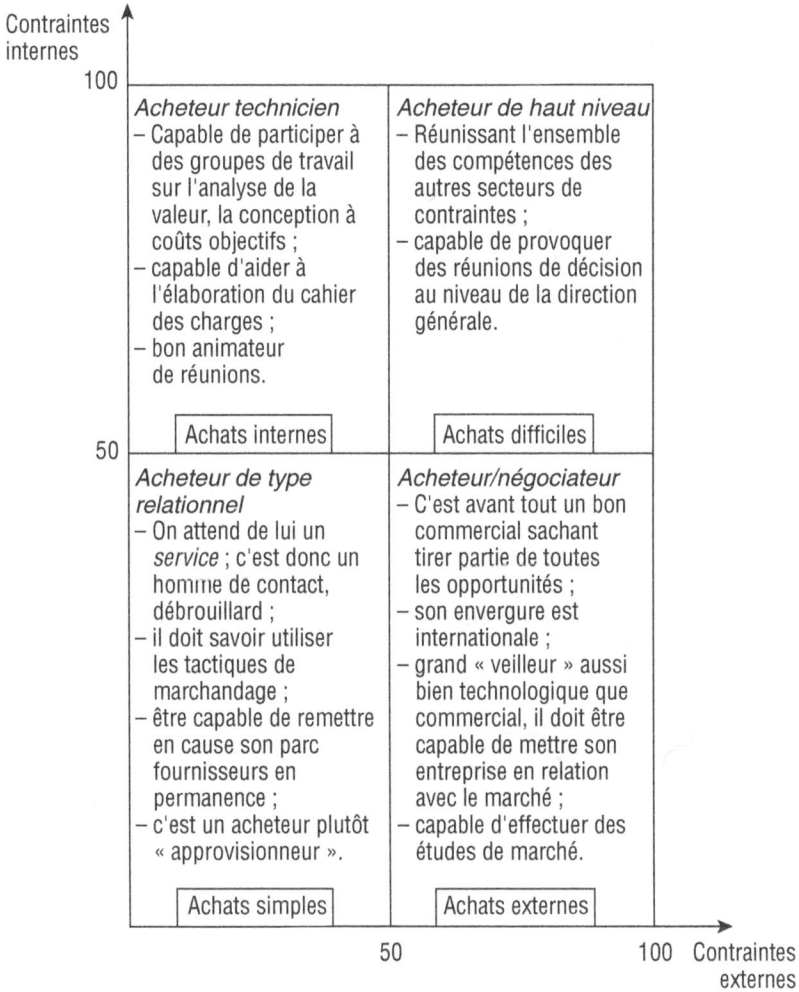

Figure 9-2 • Les hommes à mettre en place

– Établir les *procédures* et *grands axes de réflexion* qui seront vérifiés après étude de la criticité.

La Figure 9-3 donne quelques axes de réflexion sur les procédures à appliquer en fonction de la nature des contraintes.

Contraintes internes ↑

100

- Déplacement de produits nouveaux
- Etablissement de cahier des charges fonctionnels
- Politique fonction des puissances relatives
- Offre/demande

Achats internes

- Etude de marché détaillée
- Prévision exacte de la demande
- Relations à long terme
- Réflexion « Make or buy »

Achats difficiles

50

- Standardisation des produits
- Optimisation du nombre de fournisseurs
- Réduction des coûts internes par regroupement des commandes, etc.
- Optimisation des stocks
- Achats en juste-à-temps

Achats simples

- Exploitation de tout le pouvoir d'achat
- Développement pour substitution de produits
- Mondialisation des sources d'approvisionnement
- Segmentation du marché
- Politique fonction des puissances relatives offre/demande

Achats externes

50   100 Contraintes externes

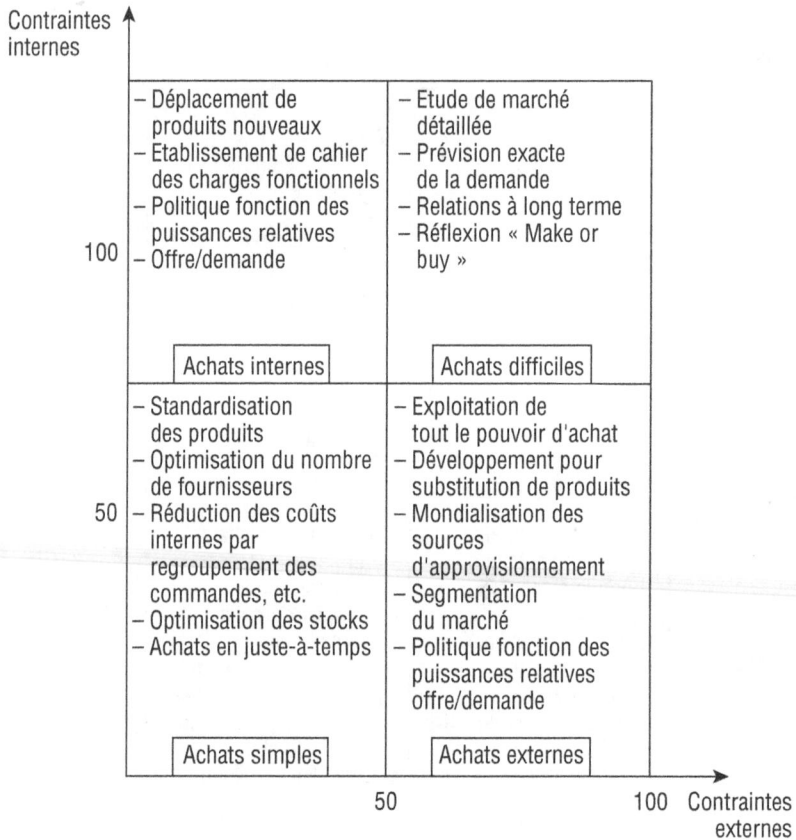

Figure 9-3 • Les stratégies à mettre en œuvre

Enfin, le point de départ du plan d'action marketing repose sur la distinction « achat externe », « achat interne ». Dans le premier cas, c'est le marché qui exerce une pression alors que, dans le second cas, l'offre d'achat est inadaptée. Ce n'est peut-être pas la peine, dans ce dernier cas, de continuer à consulter le marché avant d'avoir revu le cahier des charges. Le logigramme de la Figure 9-4 définit les grands axes des réflexions permettant l'action.

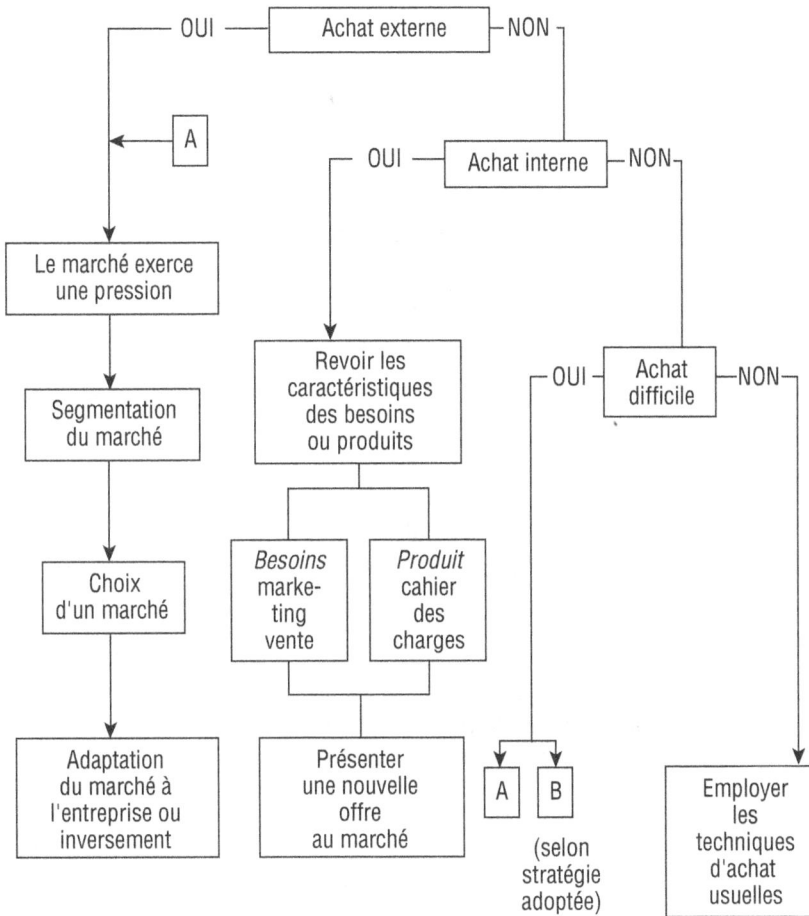

Figure 9-4 • Logigramme diagnostic

En revanche, dans le cas où le marché exerce une pression sur vos achats, il vous faudra peut-être remettre en cause votre fournisseur, voire changer de marché de référence. C'est le but de la « segmentation » qui sera décrite dans les tactiques ou moyens à employer pour mettre en œuvre la stratégie adaptée, et plus particulièrement dans le chapitre 13 réservé au « marché ».

Mais les actions à engager pour minimiser les contraintes nécessitent un effort de l'entreprise dont les résultats ne se feront sentir qu'à moyen ou long terme.

Il convient donc d'élaborer des stratégies d'achats qui, à court terme, permettront de gérer les approvisionnements, par exemple pour un projet, dans des conditions optimales compte tenu des contraintes identifiées.

Ces stratégies se détermineront à partir de deux dimensions :

- les risques de rupture d'approvisionnement
- le profit potentiel

Les risques de rupture d'approvisionnement

Une contrainte peut exister, et occasionner une gêne parfois importante sans pour autant qu'il y ait un quelconque risque lié à cette contrainte concernant les approvisionnements de l'entreprise. Au contraire, certaines contraintes de faible intensité peuvent occasionner des risques importants d'ordre technique ou commercial.

Par exemple :

- la contrainte « cahier des charges draconien » peut entraîner un risque de défaillance du produit par rapport à son utilisation prévue.
- la contrainte « maîtrise de la technologie » par un très petit nombre de fournisseurs entraîne un risque de pérennité de l'activité.
- la contrainte « réactivité de nos fournisseurs », si celle-ci est faible, peut entraîner des risques de défaillance tels que :
  • non-respect des délais de livraison par une mauvaise maîtrise de l'organisation logistique (prise de commande à la livraison).
  • non respect des délais d'intervention pour dépannage par une mauvaise maîtrise de l'organisation après vente.
  • non-respect de la qualité demandée par une mauvaise maîtrise du parc sous-traitants de nos fournisseurs (qualité, savoir-faire).

En revanche, des contraintes telles que :

- absence de communication interne, intervenants multiples avec le fournisseur, pertinence du dossier d'achat, lourdeur administrative, pas d'analyse de la valeur, absence de manifestations professionnelles, subventions publiques reçues par le fournisseur, absence de listes d'équivalences, absence de normes… ne génèrent pas, a priori, de risque pour l'entreprise.

Ainsi après avoir établi la liste des contraintes et les avoir visualisées à l'aide d'un graphe comme il a été vu précédemment, la seconde étape consiste à déterminer celles qui peuvent entraîner un risque.

Le responsable de l'étude marketing achats ne doit pas appréhender de la même façon les contraintes liées à ses familles d'achats ni y consacrer le même temps. Au contraire il doit établir un plan d'action dégageant des prio-

© Éditions d'Organisation

rités. Ces priorités dépendront du critère d'impact des contraintes. Ces critères d'impact correspondent à l'intensité des risques encourus par l'entreprise. En effet certaines contraintes peuvent être bloquantes et peuvent également entraîner par exemple une rupture d'approvisionnement, c'est-à-dire un risque d'intensité maximum. Au-delà de la dimension intuitive dans l'évaluation d'un risque, l'acheteur doit évaluer l'impact de ce risque sur le client final. Si l'on reprend les contraintes citées plus haut, un risque de « pérennité de l'activité des fournisseurs », une « faible réactivité » de ces derniers ou encore une « durée de vie trop courte » de certaines familles d'achats sont des risques se répercutant directement sur le client final.

Dans la pratique un total de 8 à 10 contraintes constitue un maximum dont la moitié correspond à des problèmes d'organisation, donc identiques à toutes les familles de produits. Ces 10 contraintes vont faire l'objet d'une analyse critique selon une procédure identique à celle adoptée pour l'analyse des contraintes. Vous construirez donc un « tableau de risques » selon le modèle du tableau 9-5.

Risques	0	1	2	3	4	5

Maîtrise de la technologie
    détail des risques encourus
Réactivité des fournisseurs
    détail des risques encourus						

Tableau 9-5 • Quantification des risques

Après avoir distingué les risques techniques des risques commerciaux générés par ces contraintes, calculé l'intensité de chacun de ces risques et avoir adopté un système de pondération ou pas (ce peut être le même que celui utilisé dans l'analyse des contraintes) vous serez en mesure de caractériser le risque global inhérent à la famille d'achats et le visualiser à l'aide du graphe de la figure 9-6.

Pour le calcul de l'intensité du risque (nous préservons ici une notation de 0 à 5 comme pour les contraintes), si vous avez des difficultés dans l'évaluation de celle-ci, vous pourrez l'évaluer à l'aide d'un tableau représentant la probabilité d'occurrence du risque ainsi que le temps jugé nécessaire pour pallier ce risque.

Par exemple, considérons le risque technique d'inadéquation du produit obtenu avec le besoin lié à la contrainte d'un « niveau de qualité des fournisseurs insuffisant ». Si sur une première famille de produits donnée, vous considèrez que la probabilité d'occurrence d'un tel risque est très forte (supérieure à 60 %) mais que par contre vous disposez de suffisamment de temps pour pallier un tel risque en faisant par exemple appel à un autre de vos fournisseurs, alors vous pourrez remplir le tableau suivant ainsi en vous référant au tableau du niveau de cotation :

Évaluation de l'intensité du risque

				Intensité du risque					
Risque Technique	Temps estimé T*	Probabilité d'occurrence P*	Indice de cotation (T × P) I	0 I = 1	1 I = 2	2 I = 3	3 I = 4	4 I = 6	5 I = 9
inadéquation du produit obtenu avec le besoin	1	3	3						

*Niveau de cotation

Niveau de cotation	Temps estimé pour pallier le risque T	Probabilité d'occurrence du risque P
3	Insuffisant	> 60 %
2	Moyen	30 < .... < 60 %
1	Suffisant	< 30 %

Ainsi dans ce cas l'intensité du risque est de « 2 ».

Ainsi l'étude de criticité permet de juger de l'opportunité d'engager une action pour améliorer la performance de la prestation achats ou réduire les vulnérabilités d'approvisionnement.

© Éditions d'Organisation

Risques
techniques

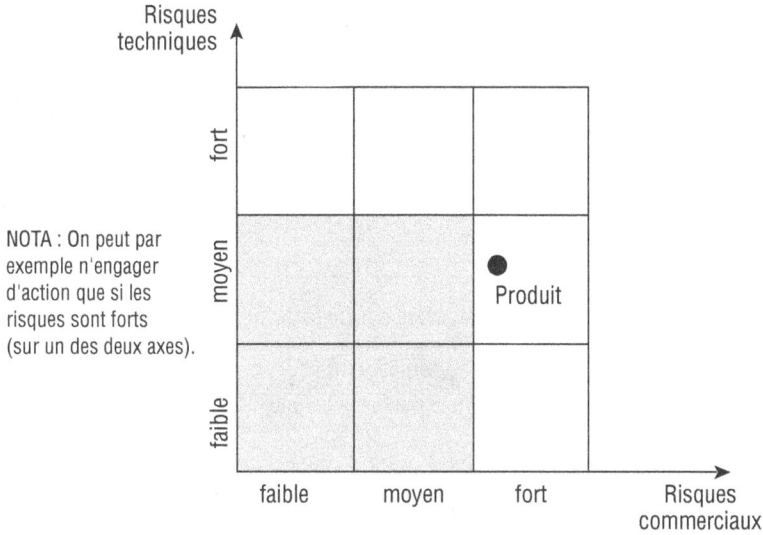

fort

NOTA : On peut par
exemple n'engager
d'action que si les
risques sont forts
(sur un des deux axes).

moyen

●
Produit

faible

faible   moyen   fort   Risques
commerciaux

Figure 9-6 • La matrice des risques

Note explicative sur la construction de la matrice des risques

Vous devez sélectionner les 10 contraintes qui vous paraissent les plus pertinentes. A partir de chacune de ces contraintes vous devez caractériser le risque induit (il peut y avoir plusieurs types de risques techniques et commerciaux par contrainte) par celles-ci. Pour cela vous disposez de la Liste des risques techniques et commerciaux ci-après pour vous guider, sachant encore une fois qu'elle n'est pas exhaustive.

Exemple :

	Description du risque induit	
Contraintes	**Risque Technique**	**Risque Commercial**
Absence de coordinateur	Risque de non-compatibilité	

Une fois le risque caractérisé, vous devez noter l'intensité de ce risque (note de 0 à 5) à partir du temps estimé pour pallier ce risque et de la probabilité d'occurrence de ce dernier à l'aide des trois tableaux suivants et comme il a déjà été vu. On dissociera ici les risques commerciaux des risques techniques :

Risque Technique	Temps estimé	Probabilité d'occurrence	Indice de cotation (T × P)	Intensité du risque					
				0	1	2	3	4	5
T*	P*	I	I = 1	I = 2	I = 3	I = 4	I = 6	I = 9	

*Niveau de cotation

Niveau de cotation	Temps estimé pour pallier le risque T	Probabilité d'occurrence du risque P
3	Insuffisant	> 60 %
2	Moyen	30 < .... < 60%
1	Suffisant	< 30 %

Pour chaque risque on procède à la même pondération que pour les listes de contraintes, c'est-à-dire 5 - 2 - 2 - 1, pour les 4 risques les plus forts, classés par ordre décroissant.

Pour obtenir une matrice cotée 100, il suffit de multiplier les résultats obtenus (sur les risques techniques et sur les risques commerciaux) par 2.

Matrice des risques

Exemple: si pour une famille donnée on a après pondération:

• Risques Techniques = 28 / 50 on multiplie par 2 pour obtenir 56 / 100

• Risques Commerciaux = 14 / 50 on multiplie par 2 pour obtenir 28 / 100

Ainsi on peut placer la famille sur la matrice des risques :

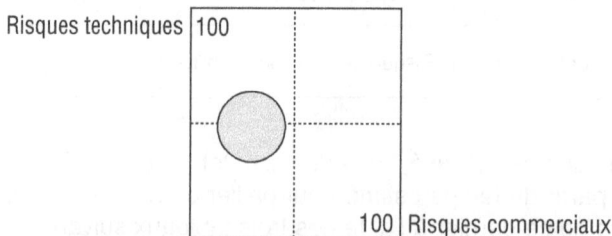

Figure 9-7 • Établissement du graphe de risques

Par la suite lorsqu'il faudra placer la famille sur la matrice risques / profit, on additionnera les risques techniques et commerciaux notés sur 100 et l'on divisera par 2 pour se ramener à une note sur 100, la matrice risques / profit ayant pour maximum le chiffre 100 en ordonnée.

Exemple de risques techniques et commerciaux

RISQUES TECHNIQUES

Arrêt pour panne
Capacité de production insuffisante
Danger d'utilisation du produit
Défaillance du produit par rapport à l'utilisation prévue
Défaillance technique des fournisseurs
Définition erronée d'un produit
Evolution rapide des technologies/produits de substitution
Fuite d'un secret de fabrication
Inadéquation du produit obtenu avec le besoin
Incompatibilité de certains produits entre eux
Manque de flexibilité
Modification unilatérale d'un produit par le fournisseur
Non-compatibilité avec le conditionnement/stockage standard
Non-qualité
Non-récupération de l'outillage chez un fournisseur
Non-récupération des plans, spécifications... chez un fournisseur
Obsolescence des stocks
Pas de fournisseurs qualifiés
Pas d'harmonisation, de standardisation
Pas de production due à une quantité commandée insuffisante
Perte du savoir-faire du marché fournisseur
Refus de l'innovation
Retard technologique
Technologie isolée
Time to market trop long

RISQUES COMMERCIAUX

Absence de suivi
Approvisionnement impossible dans les délais demandés
Blocage des produits en douane
Capacité de livraison insuffisante
Concurrence faussée
Contrefaçon
Coûts prohibitifs
Défaillance des transporteurs
Délais d'approvisionnement trop longs
Disparition des fournisseurs
Disparition des produits (début ou fin de cycle de vie)

/.../

/.../

> Evolution défavorable des devises
> Faillite des fournisseurs
> Flambée des cours
> Fournisseur imposé inadapté
> Fournisseurs non intéressés (puissance d'achat trop faible)
> Impossibilité de changement de fournisseur
> Insuffisante du magasin
> Monosource tarie
> Non-écoulement des stocks
> Non-information
> Non-livraison
> Non-rentabilité, surcoûts
> Pas de procédures d'urgence
> Pénurie d'origine politique
> Produit recherché inexistant
> Quotas, embargos
> Rejet des nouveautés
> Retard de livraison
> Risque politique
> Rupture d'approvisionnement
> Segment de marché inconnu

Le profit potentiel

Vous pouvez le faire de manière classique par exemple en ayant isolé 80 % des achats en valeur (sur lesquels on peut estimer gagner 5 % en moyenne).

On peut le faire de manière plus pertinente à partir de la notion de type d'achats.

On peut distinguer 3 types d'achats selon le moment de l'intervention de l'acheteur :

- type 1 : passation des contrats
- type 2 : négociation des contrats (suite à demande d'achat avec cahier des charges et « espace de liberté » pour les achats)
- type 3 : participation à l'élaboration de l'expression des besoins en assurant l'interface entre :
  - l'expression fonctionnelle des besoins
  - les ressources extérieures (le marché fournisseurs).

Cette typologie est représentée par le schéma ci-contre :

**Valeur ajoutée d'une
action achats**

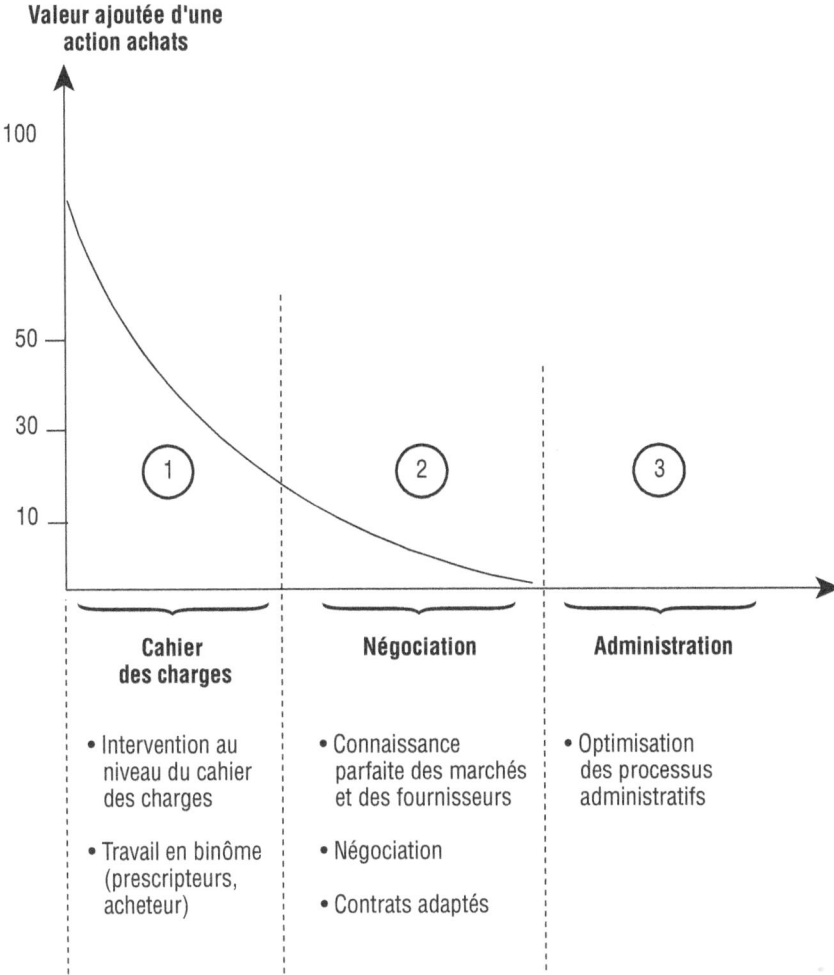

Achats de type 1

– Achats banaux achetés quasiment sur catalogue
– Achats complexes mais répétitifs où la démarche d'achat a déjà été faite

Achats de type 2

Les achats « spécifiques » ou « spécifiés » de spécialiste souvent de « high-tech ». Le technicien est déterminant dans le choix du fournisseur auquel il va acheter ou avec lequel il va développer un produit, une prestation.

L'acheteur ne peut pas dialoguer sur le cahier des charges car il n'a pas la compétence requise, le cahier des charges se construisant au fur et à mesure du dialogue client-fournisseur et la technicité mise en jeu étant hors de portée de l'acheteur.

Les achats de valeur modeste ou importante où il n'est pas productif de remettre en cause le cahier des charges. L'acheteur optimise son achat en se tournant vers les marchés et en tirant le meilleur parti par négociation auprès des fournisseurs aptes (homologués par lui comme remplissant toutes les conditions pour lui livrer le produit ou prestation convenu dans les conditions prescrites).

Achats de type 3

Ce sont les achats demandant que les trois étapes soient incluses dans le processus d'achats.

Ce sont les achats qui sont considérés comme ayant un potentiel de profit fort.

Les stratégies d'achat à court terme

Elles peuvent se déterminer à partir de la matrice risques / profit, c'est-à-dire un positionnement produit établi à partir des deux dimensions étudiées ci-avant.

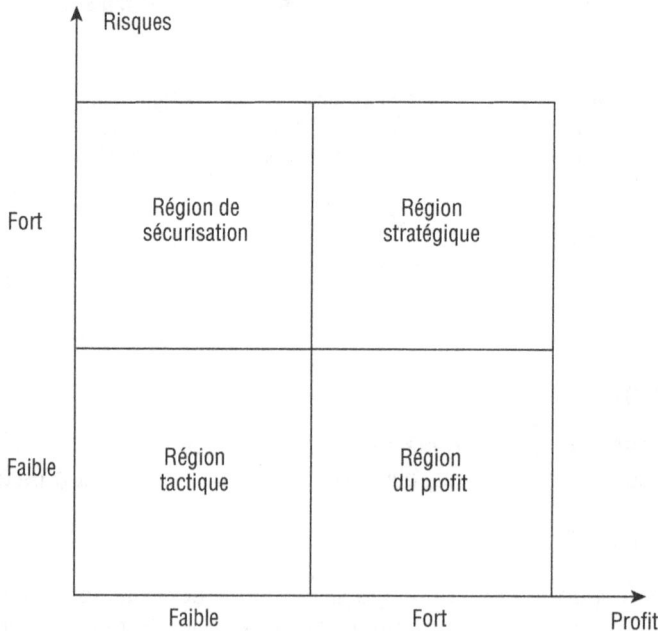

Figure 9-8 • La matrice risques / profit[1]

1. Voir *Nouvelles stratégies d'achat* du même auteur aux Éditions d'Organisation.

Cette matrice détermine 4 régions :

Région tactique

Un produit placé dans cette région a les caractéristiques suivantes :

- les sources d'approvisionnement sont probablement nombreuses du fait du peu de risques d'approvisionnement,
- des produits de substitution existent,
- d'une manière générale, les produits sont de faible valeur ou achetés en quantité réduite.

Une bonne stratégie d'achat consiste alors à minimiser les ressources employées.

En effet, les actions de négociation avec les fournisseurs n'apportent que peu de gain, sauf sur un plan du service.

Ainsi que le potentiel de gain est interne à l'entreprise et les actions à mettre en œuvre sont les suivantes :

- mettre en place un circuit administratif d'approvisionnement simplifié,
- déléguer les achats auprès des approvisionneurs ou prescripteurs internes avec une surveillance légère,
- minimiser les coûts internes par diminution du nombre de commandes et la gestion d'un minimum de fournisseurs,
- ne disposer que d'un stock minimum,
- standardiser les produits.

Région profit

Les caractéristiques de cette région sont les suivantes :

- comme dans la région tactique, les sources d'approvisionnement sont probablement nombreuses du fait du peu de risques d'approvisionnement,
- le marché est dynamique et des produits de substitution existent,
- les produits sont de valeur élevée (article A) ou à fort potentiel de gain (produit de type 3).

Une bonne stratégie d'achat consiste à générer un maximum de profit.

Le principe d'une telle stratégie peut être celui de l'attaque en force.

On y parvient en cumulant les actions suivantes :

- faire des achats « spots »,
- établir une relation client-fournisseur de mise en concurrence systématique,

- effectuer une veille technologique et commerciale, autrement dit : explorer le marché,
- demander aux fournisseurs une grande flexibilité,
- réduire le stock le plus possible,
- dans la négociation, exploiter tout le pouvoir d'achat et jouer sur l'analyse des coûts, l'effet d'expérience et le volume d'affaires avec le ou les fournisseurs,
- enfin, mettre en place si possible une analyse de la valeur simplifiée.

Région sécurisation

Les caractéristiques de cette région sont les suivantes :

- peu de sources principales se partageant le marché, il y a donc peu de produits de substitution disponibles,
- un produit placé dans cette région a probablement une qualité « pointue » du fait de sa spécificité.

Cette région constitue un goulet d'étranglement et les risques sont soit techniques, soit commerciaux, voire les deux à la fois.

L'objectif est dans ce cas malheureusement très clair : pérennité des approvisionnements.

Le principe d'une telle stratégie repose sur la sécurisation et les actions à entreprendre sont les suivantes :

- établir des relations à long terme avec les fournisseurs en leur fournissant des plannings prévisionnels,
- étudier des produits de substitution,
- effectuer une veille technologique et commerciale poussée,
- penser à l'intégration verticale,
- mettre en place une réflexion faire ou faire faire.

Région stratégique

Cette région localise des achats stratégiques, combinant un risque élevé avec un engagement fort. Ce sont bien souvent des « fonctions achetées », donc des produits à forte valeur ajoutée.

C'est typiquement la région du partenariat.

Le but d'une telle stratégie est bien évidemment de pérenniser les approvisionnements tout en générant un gain important sur achat.

Cette analyse stratégique à court terme permet, à partir de la situation des achats mise en évidence grâce à l'analyse des contraintes, de déterminer les

© Éditions d'Organisation

meilleurs leviers de gains et ainsi de vous offrir des solutions d'approvisionnement différenciées par ligne de produit.

Elle permet en outre de :

– construire des tableaux de bord de façon pertinente car, à chaque ligne de
  produits correspond un levier de gain, donc un objectif identifiable.
  La mesure du résultat est alors grandement facilitée.
– de déterminer des axes de négociation à partir de deux dimensions[1] :
  • le pouvoir de l'acheteur
  • la durée de la relation souhaitée.

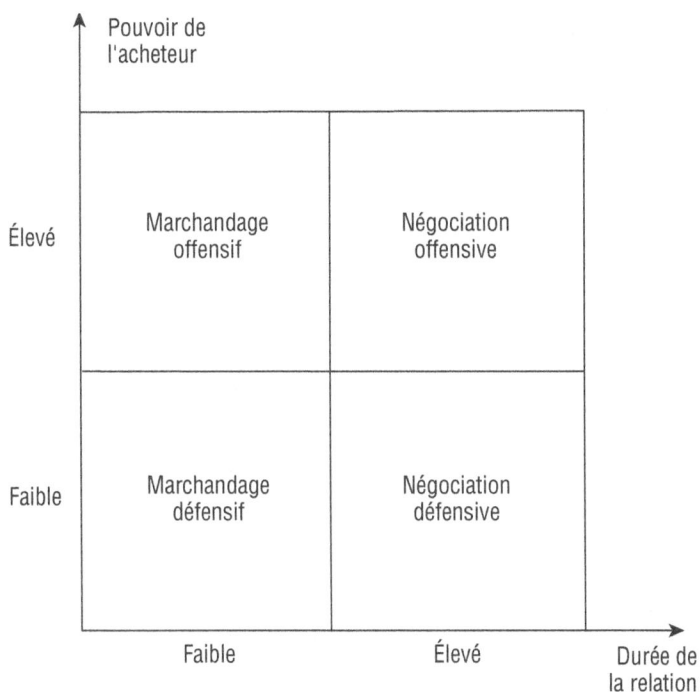

Figure 9-9 • **La matrice de négociation**

En effet, la durée de la relation se déduit directement de l'analyse stratégique
et le pouvoir de l'acheteur sont liés à l'étude du marché précédemment réalisée.

---

1. Voir *Nouvelles stratégies d'achat* du même auteur aux Éditions d'Organisation.

Il convient toutefois d'adopter une meilleure position à moyen ou long terme sur le marché des fournisseurs.

L'action sur les variables du MIX ACHAT permet de minimiser les contraintes d'achats ; c'est l'objet du prochain chapitre qui vous propose de mettre en œuvre les bonnes pratiques.

Troisième partie

TACTIQUES : LES QUATRE VARIABLES ET LA PLANIFICATION

L'aspect opérationnel du marketing achats est à l'achat ce que les spécialités du marketing vente appellent le *marketing mix*.

Le marketing mix est basé sur le principe de *synergie*: «Les moyens employés doivent l'être de façon que leur combinaison aboutisse à une synergie maximale, fonction de la cohérence et de la coordination de ces moyens entre eux»[1].

Ainsi, le marketing opérationnel est l'opération qui permet de passer de la stratégie à la tactique pour atteindre les objectifs fixés en choisissant, dosant et équilibrant l'ensemble des variables d'actions.

Ces variables d'actions sont au nombre de quatre. Dans le tableau suivant, nous les mettons en parallèle avec les variables du marketing vente.

Les variables du marketing mix

MIX VENTE	MIX ACHAT
Prix	Prix
Produit	Produit
Mise en place (distribution)	Communication
Promotion	Marché
Moyens mnémotechniques	
4 P	P P C M

LE PRIX

Pour gérer une relation à long terme, il convient de définir le prix à payer pendant toute la durée de la relation et, pour l'entreprise acheteuse, d'être rémunérée de sa fidélité.

Cette variable est des plus importantes quand on considère la dépendance, au profit du fournisseur, d'une relation de partenariat.

_____

1. Armand Dayan, *Marketing industriel*, Vuibert Gestion, Paris, 1985.

LE PRODUIT

Si l'on considère que le prix d'un produit est figé à 70 % lors de la phase développement, c'est-à-dire bien avant sa définition exacte, il convient qu'un représentant du service achats participe à l'élaboration du cahier des charges. C'est la participation au *design to cost.*

Par ailleurs, les actions de standardisation et de veille technologique influencent considérablement la définition du produit.

LA COMMUNICATION

Souvent négligée par les acheteurs, cette variable dont l'incidence est aussi bien interne qu'externe à l'entreprise, constitue le poumon du marketing achats.

En effet, le marketing achats ne respire que s'il est connu et reconnu.

LE MARCHÉ

La consultation d'un marché existant ou la construction d'un nouveau réseau de fournisseurs est souvent la finalité de l'action marketing.

C'est donc une variable des plus pertinentes.

Les quatre variables du marketing opérationnel sont intimement liées.

En général, une action sur l'une d'elles influe sur les trois autres.

Il convient donc de bien les maîtriser et c'est l'objet de cette partie de l'ouvrage.

Nous vous présenterons ces variables dans l'ordre permettant de se souvenir d'elles à savoir :

PRIX, PRODUIT, COMMUNICATION, MARCHÉ

Mais mener une action de marketing achats n'a de sens que s'il y a planification. Un plan est une séquence d'opérations échelonnées dans le temps.

Nous avons vu dans la première partie de cet ouvrage les six étapes du marketing achats :

1 – Classification des achats
2 – Analyse du marché

© Éditions d'Organisation

3 – Visualisation du portefeuille des achats
4 – Diagnostic
5 – Plan d'action
6 – Plan de communication

Cette démarche, telle qu'énoncée ci-dessus, se trouve être en « boucle ouverte », c'est-à-dire qu'elle ne tient pas compte des interactions possibles entre les différentes phases.

Dans cette partie de l'ouvrage, au contraire nous traiterons du processus de planification.

Enfin, seront abordés les problèmes d'hommes et de structures.

10
Première variable : le prix

Le prix est probablement la variable la plus importante, ou la plus sollicitée par l'acheteur. En effet, toute discussion commerciale se ramène à l'établissement d'un prix. Dans le cadre de l'action marketing achats, vous devez non seulement connaître la structure des coûts des produits achetés, mais prévoir leurs évolutions futures en fonction des paramètres du marché.

Dans ce chapitre, nous tenterons de définir le prix d'un produit à partir des données de coût et de marché, de comprendre le comportement du vendeur industriel et enfin de vous donner une méthodologie pour vous aider à adopter un comportement favorable à l'action marketing.

DÉFINITION DU PRIX D'UN PRODUIT

Les deux variables qui permettent de déterminer le prix d'un produit sont le coût et le marché.

Le *coût* est la somme des dépenses nécessaires à la fabrication du produit et à la vie de l'entreprise. Ces dépenses correspondent :

- aux matières premières ;
- aux transports ;
- à l'énergie ;
- à la main-d'œuvre directe ;
- aux frais de structure et aux frais généraux (force de vente, force d'achat, comptabilité et, d'une manière générale, à la main-d'œuvre indirecte) ;
- à la marge bénéficiaire.

Le coût peut être réel, prévisionnel, de remplacement, marginal, différentiel, direct, indirect, complet[1].

À partir des coûts, la méthode de fixation des prix la plus utilisée est celle du COÛT + MARGE.

---

1. Le coût complet (*Full Cost*) est la somme des charges engagées pour la réalisation et la distribution du produit.

PRIX = COÛT COMPLET + POURCENT DU COÛT COMPLET

ou

PRIX = COÛT COMPLET × COEFFICIENT MULTIPLICATEUR

Prenons un exemple très simple : une PME spécialisée dans la réalisation de pièces mécano-soudées est consultée par un acheteur pour la réalisation de pièces en quantité 10. Le coût de fabrication s'élève à 100 000 F et les dépenses supplémentaires à 20 000 F. Sur ce coût total de 120 000 F, le fabricant souhaite réaliser un bénéfice de 25 %. Le coût plus la marge s'élèvent donc à 150 000 F. Ce calcul est évidemment simpliste et ne peut être envisagé que dans le cas de produits spécifiques et ponctuels car il ne tient pas compte :

- des invendus (si en fin de compte les 10 ne sont pas vendus),
- de la politique des concurrents,
- de la politique de l'entreprise,
- de la place du produit sur le marché,
- de remises et ristournes éventuelles à concéder,
- de services complémentaires qui peuvent faire l'objet de demandes lors des négociations,
- etc.

Le marché concerne l'environnement du produit.

Des outils et réflexions stratégiques permettent de tenir compte de cet environnement mais on constate que, dans les produits industriels, le coût complet reste une donnée de base qui est modifiée pour tenir compte des éléments du marché.

Le Boston Consulting Group est à l'origine d'outils d'analyse concurrentielle tels que la courbe d'expérience [1] qui décrit la relation mathématique existant entre la production cumulée d'un produit et ses coûts. Le B.C.G. observe que les coûts diminuent de 15 à 25 % chaque fois que la production cumulée double. Cette notion est née dans l'aéronautique et dire que le coût de production du vingtième avion d'une série sera inférieur de 20 % à celui du dixième signifie que la pente de la courbe d'expérience est de 20 %.

---

1. Voir l'article « Comment concilier stratégie et courbe d'expérience ? » de Pankaj Ghemawet, *Harvard-L'Expansion*, automne 1985.

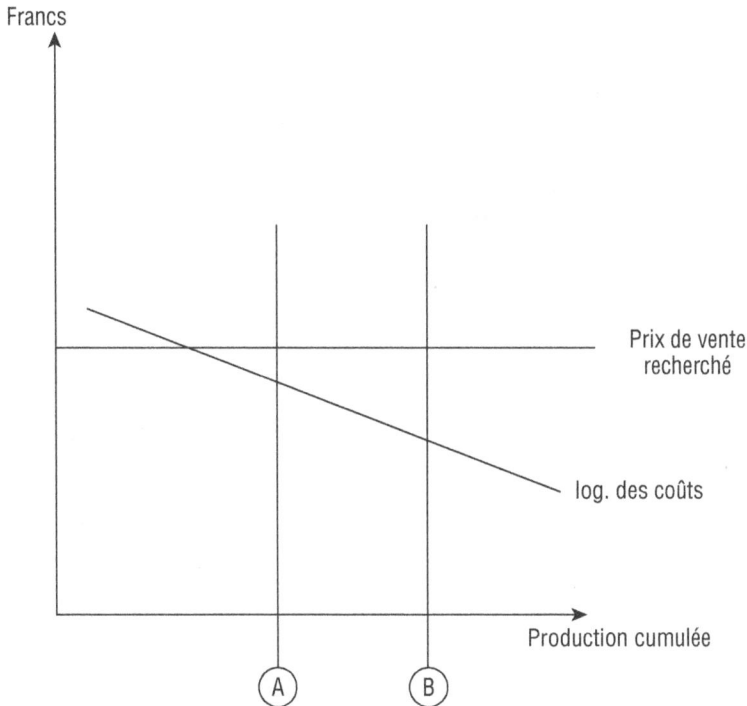

Figure 10-1 • L'effet d'expérience

Dans l'exemple de la figure 10-1, l'entreprise B a acquis une plus grande expérience donc, en fonction de sa politique, peut pratiquer des prix différents de ceux de l'entreprise A.

Associée à l'analyse du portefeuille d'activités, l'entreprise peut déterminer un prix en fonction de sa politique produits et d'une enquête sur la concurrence.

Ainsi, un certain nombre d'outils (nous renvoyons les lecteurs aux ouvrages cités en bibliographie sur la stratégie d'entreprise) permettent de bâtir des tactiques de fixation de prix.

Enfin, en fonction des habitudes et des pouvoirs respectifs de négociateurs, l'élaboration des prix doit tenir compte de remises, ristournes, services, etc., à accorder lors des discussions.

Nous allons maintenant examiner le comportement du vendeur face à ces techniques.

LE COMPORTEMENT DU VENDEUR INDUSTRIEL

Le vendeur industriel évolue dans un contexte de relations interentreprises. En raison de la complexité de ces relations, son comportement est lié à de nombreux paramètres, dont les principaux sont :

- les objectifs poursuivis par son entreprise,
- la structure de la concurrence,
- la perception de la valeur du produit par les utilisateurs,
- le rôle du produit dans la réalisation finale,
- le prix auquel est vendu le produit final fabriqué par l'entreprise de l'acheteur,
- le type de relation acheteur-vendeur (achat simple, partenariat, etc.).

Le contexte des relations interentreprises peut être schématisé par la Figure 10-2.

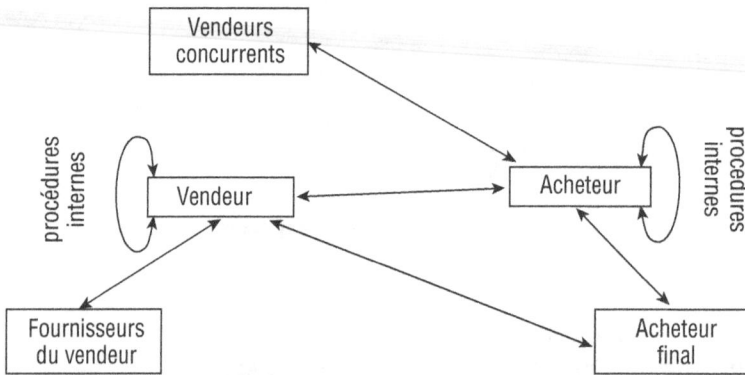

Figure 10-2 • Les relations commerciales interentreprises

En effet, d'une manière générale, les paramètres influant sur la détermination des prix sont :

- la structure des coûts respectifs de l'entreprise acheteuse et de l'entreprise vendeuse,
- leurs parts de marché respectives,
- les portefeuilles d'activité de chacun.

La nécessaire détermination des prix à partir des coûts est devenue très largement insuffisante dans le contexte d'internationalisation des échanges industriels.

Le premier élément à prendre en compte est la politique produit de l'entreprise, laquelle fixe des objectifs de prix tels que :

– *la rentabilité :* soit à court terme en fixant les prix par la formulation « coût plus marge » (cette dernière de niveau élevé pour atteindre un rendement maximum sur les investissements), soit à long terme en maximisant le profit global, sur une gamme de produits quitte à pratiquer des prix bas à court terme et à récupérer par la suite sur d'autres produits (la limite est le prix d'appel) ;

– *le chiffre d'affaires :* il s'agit de la prise de parts de marché pendant un laps de temps. C'est une politique de prix bas ;

– *le statu quo :* c'est l'ajustement au niveau des concurrents, particulièrement par rapport aux leaders.

À partir de ces éléments, les prix sont déterminés prioritairement à partir des « coûts » ou du « marché ».

Détermination des prix à partir des coûts

C'est le domaine privilégié des produits spécifiques. Le prix est établi sur devis à partir d'une démarche générale de COÛT + MARGE. Cette détermination conduit à la connaissance de la *valeur intrinsèque du produit*.

La décomposition du coût s'effectue souvent en coûts directs et coûts indirects[1].

Le prix réel tient compte de plusieurs facteurs :

• la marge calculée sur le coût total interne de production,
• la quantité,
• l'importance de la commande,
• la remise personnalisée pour chiffre d'affaires,
• le degré d'essentialité pour l'acheteur,
• la sécurisation de l'acheteur.

Ce dernier paramètre mérite une explication ou plutôt une anecdote.

Lors d'une discussion avec un ami, chef d'une PME de mécanique de précision, j'ai assisté à un entretien téléphonique entre cet ami et un acheteur du domaine spatial. Les termes employés par cet acheteur tendaient à démontrer que le produit, objet du devis proposé, ne pouvait être de qualité suffisante compte tenu du niveau de son prix. Une augmentation du prix de 30 % (sous le prétexte que deux éléments de prix avaient été oubliés) a finalement permis de traiter l'affaire.

Cet exemple, malheureusement trop fréquent, se passe de commentaire.

---

1. Voir l'ouvrage *Prix* de Maryse Giletta, Éditions Eyrolles, Paris, 1989.

Enfin, par produit spécifique, on entend les réalisations de pièces sur plans, les dépannages et réparations, les installations, etc., adaptés au besoin spécifique de l'acheteur.

Détermination des prix à partir du marché

Nous distinguerons deux types de produits :

a) les produits standard fabriqués en grande série

Nous voulons parler ici des produits souvent sans grand impact sur le prix du produit final fabriqué par l'entreprise de l'acheteur. Les prix sont déterminés selon une stratégie propre à chaque phase du cycle de vie (voir annexes).

Par exemple, la détermination du prix dans la phase expérimentation peut s'effectuer par sondage en sollicitant l'avis des ingénieurs de l'entreprise acheteuse sur le niveau de prix adéquat en leur montrant des prototypes ou des projets de nouveaux produits. On appelle ce prix *valeur d'innovation*. Si le prix est placé à un niveau élevé, la tactique employée est « l'écrémage ».

– En revanche, une politique de prise de parts de marché peut conduire à la fixation du prix dans la phase lancement. Cette tactique s'appelle « la pénétration ».
– Enfin, les prix dans les phases maturité et saturation peuvent être alignés sur ceux de la concurrence, en particulier sur ceux du leader.

Dans le cas où la concurrence offre sur le marché des produits « substituables », c'est-à-dire avec des différences de performances, il convient de faire une analyse comparative à partir de critères déterminés (coefficients de taille, de poids…). Cette dernière analyse conduit à déterminer la *valeur d'usage*.

b) Les produits standard personnalisés ou systèmes entrant pour une part substantielle dans le coût du produit fini

Dans le premier cas, l'entreprise vendeuse est souvent une PME et son savoir-faire est déterminant. Le prix est issu d'une étroite collaboration entre les deux parties. Dans le second cas, illustré par exemple par des équipements de bord pour avions ou des moteurs d'avions, le prix est, à la limite, un prix d'entente entre les deux entreprises. C'est le prix qui permet à l'entreprise acheteuse d'être compétitive sur le marché du produit final.

Ce prix est calculé lors de l'étude ou au cours de la phase développement du produit, par les deux parties ; il conduit nécessairement à un partenariat de longue durée. Généralement, l'entreprise vendeuse effectue une étude de marché la renseignant sur la demande du bien final.

À partir de ces quelques cas, dont la liste n'est pas exhaustive, nous voyons que le comportement du vendeur dans la détermination des prix des produits industriels est complexe car la demande est difficile à appréhender ; les prévisions sont trop aléatoires.

Enfin, selon que le prix est élevé ou faible par rapport à celui du marché ou de la concurrence, il est appelé :

- prix de dissuasion,
- prix erroné,
- prix d'appel,

- prix spot,
- prix de dumping,
- prix de détresse.

Je renvoie le lecteur à mon ouvrage *Acheter avec profit* déjà cité.

LE COMPORTEMENT CONSEILLÉ POUR L'ACHETEUR

Vous pouvez adopter une démarche assez symétrique de celle du vendeur. Pour ce faire, vous devez :

- reconstituer un *prix objectif* correspondant au *coût + marge* du vendeur à partir d'une analyse interne ou d'une enquête chez certains fournisseurs du secteur,
- fixer une dérive de prix plafond,
- connaître le *marché* aussi bien de l'offre que de la demande pour corriger le prix objectif.

1 – Établir le prix objectif

Pour fixer le prix objectif, vous pouvez notamment :

- décomposer les coûts du produit avec le fournisseur ou un service méthodes,
- établir une comparaison de prix avec des produits de substitution et un ensemble de coefficients correcteurs (taille, poids, performances...),
- effectuer une analyse de la valeur du produit.

Remarquons que le *prix objectif* peut être le prix résultant d'une entente entre votre entreprise et un fournisseur dans le cas de « systèmes » dont le prix est déterminant dans votre propre compétitivité à la vente. Dans ce cas, il convient de connaître le plus finement possible la structure du coût du produit et notamment la liste des achats du fournisseur pour argumenter lors des futures négociations. (Voir ci-après.)

2 – Bâtir une loi de variation théorique de prix

Cette loi constitue le « garde-fou » ou la dérive de prix maximum acceptable.

Elle est obtenue à partir :

- de l'analyse de coûts précédente,
- de la négociation d'une formule d'actualisation ou de révsion de prix (voir mon ouvrage *Acheter avec profit*),
- d'un indice officiel (BOCC, *L'Usine Nouvelle*),
- d'un indice de produit composé (INSEE par exemple),
- d'une loi de tendance établie par les organismes professionnels (syndicats, fédérations),
- d'une loi de marché internationale (services commerciaux des ambassades, bases de données).

3 – Connaître le marché

Voir le chapitre 13 sur l'analyse du marché.

Outre les informations sur la politique du fournisseur contenues dans ce chapitre, il convient de connaître les habitudes de la profession en termes de remises, barèmes spéciaux, élasticité en fonction des quantités.

Par ailleurs, et c'est le cas d'achats de systèmes, vous devez impérativement connaître le marché des composants du système.

Exemple : Considérons l'achat de boîtes de commandes radio montées à bord d'avions. C'est un achat d'entente car le fournisseur est choisi avant même la définition du produit. Une phase de développement permet de déterminer finement le produit et donc un prix de type « entente » pour rester compétitif sur le marché de la vente des avions.

Le P_0 étant figé (voir figure 10-3), vous devez vous inquiéter de la nature des approvisionnements du fournisseur. En effet, les boîtes de commandes radio sont à approvisionner pendant quinze ans au moins et les composants électroniques intégrés (et qui pèsent souvent très lourd dans le prix de revient du système) ont une durée de vie souvent réduite (environ cinq ans).

Ils seront donc soumis à une différence de prix généralement à la baisse du fait de l'effet d'expérience et des produits de substitution de technologie nouvelle. En fait, les dépenses du fournisseur diminuent dans le temps dans la mesure où sa gestion est convenablement effectuée (à vous de l'y aider !).

Dans le cadre d'une relation à long terme, l'exemple ci-dessus montre que le partage des gains entre les deux parties constitue le moyen le plus efficace pour l'acheteur d'être rémunéré de sa fidélité.

La figure 10-3 récapitule les étapes étudiées dans ce chapitre et détermine un comportement acheteur favorable à l'action marketing.

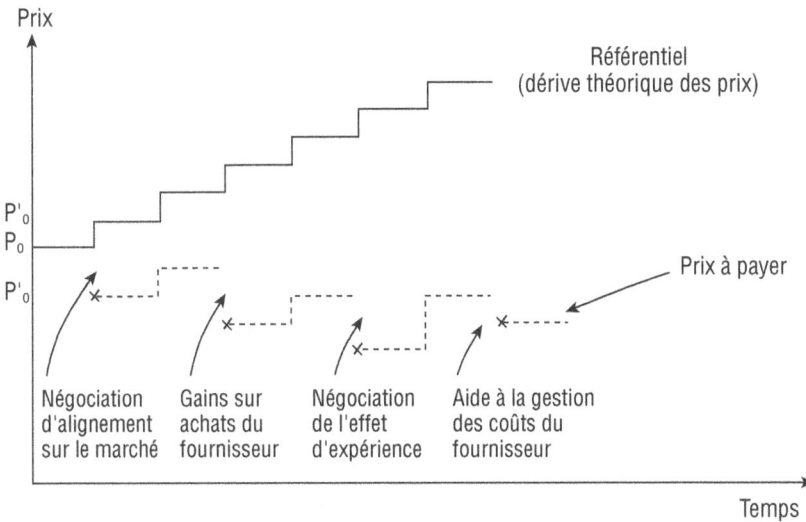

Figure 10-3 • Négociation du prix de l'achat d'un produit industriel

Notations :

P_0 : Prix de base (prix de l'offre ou 1er prix payé)

P'_0 : Prix de la concurrence

11
──── Deuxième variable : le produit ────

L'objectif du marketing achats appliqué au produit est de garantir que les composants ou sous-ensembles intégrés au produit élaboré par l'entreprise, remplissent :

– les fonctions recherchées,
– au meilleur coût global que puisse proposer le marché,
– tout au long de la vie du produit.

Rappelons que le coût global est la somme des éléments suivants :

• le prix,
• le coût d'acquisition (frais d'approvisionnement),
• les transports et douane,
• le coût de possession,
• le coût de la non-qualité,
• le coût d'utilisation ou d'intégration,
• les autres coûts divers.

Après une remarque préliminaire, nous préciserons le rôle de l'acheteur dans le cadre de l'économie de marché, ainsi que dans les démarches C.C.O. (conception à coût objectif) et analyse de la valeur.

REMARQUE PRÉLIMINAIRE

Comme nous l'avons indiqué en début d'ouvrage, le coût d'un produit est déterminé dans une large mesure (70 à 80 %) lors de la phase d'étude préliminaire, c'est-à-dire en interne, alors que les frais de développement sont à peine engagés (5 %).

Le graphe de la Figure 11-1 détermine l'écart temporel entre les dépenses d'études, d'essais, etc., et le coût final du produit.

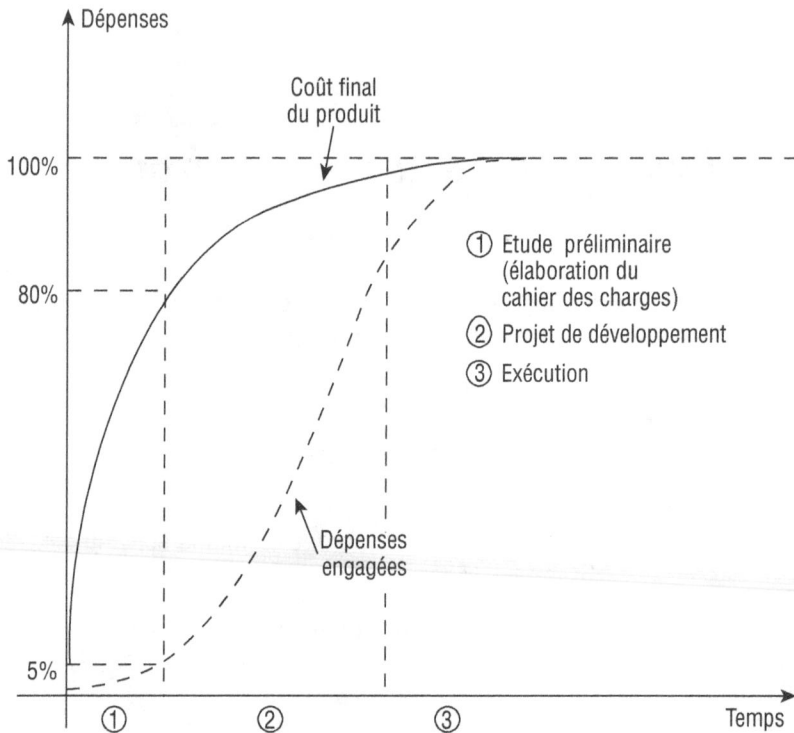

**Figure 11-1 • Développement d'un produit: écart entre les dépenses
d'études, d'essais, etc. et la part du coût final du produit**

Il est donc évident que l'acheteur doit être présent très en amont du cycle
d'élaboration des produits pour donner un éclairage sur:

• le prix du marché,
• le coût global,
• les vulnérabilités existantes ou potentielles,
• la pérennité des produits et des entreprises fournisseurs,
• la standardisation des produits,
• etc.

L'acheteur peut donner cet éclairage:

– soit d'une façon très structurée lorsque le produit est conçu en C.C.O.
  (conception à coût objectif),
– soit en collaborant dans le cadre d'une gestion de projets à laquelle le service achats participe,
– soit en informant les partenaires internes de l'entreprise des conséquences en termes d'achats, donc d'impact sur le prix de revient actuel ou

futur, d'une décision technique (choix d'un composant, d'une matière, d'un processus, etc.).

Bien évidemment, ces actions de marketing produit doivent être faites avant la commercialisation du produit final.

Enfin, il est possible, afin d'obtenir le meilleur coût global, de procéder à une *analyse de la valeur* en phase de maturité du produit (voir annexes). Toutefois, cette action, encore intéressante il y a quelques années, sera de moins en moins favorable. En effet, le cycle de vie des produits mis sur le marché tend à se raccourcir, réduisant d'autant les opportunités de faire des actions d'analyse de la valeur (Figure 11-2).

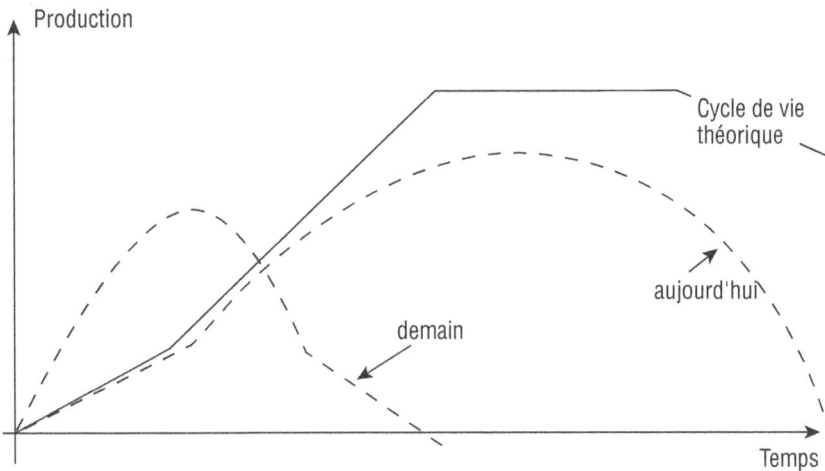

Figure 11-2 • Évolution du cycle de vie des produits

RÔLE DE L'ACHETEUR EN ÉCONOMIE DE MARCHÉ

Le rôle de l'acheteur en économie de marché consiste à faire raisonner son entreprise en termes de fonctionnalités (PRODUIT FAIT POUR) et non en termes de constituants (PRODUIT FAIT DE).

En outre, il doit convaincre les partenaires internes à l'entreprise d'établir un cahier des charges fonctionnel.

Le cahier des charges fonctionnel sera ensuite proposé à différents segments du marché fournisseurs afin de recueillir des SOLUTIONS proposées par le marché.

Ainsi, « *l'entreprise fabricante* » devient ce que nous appelons une « *entre- prise acheteuse* » de solutions.

Ces solutions seront alors retravaillées avec les fournisseurs retenus après concertation avec les partenaires internes (bureau d'études, fabrication, ser- vice qualité, etc.) pour obtenir un cahier des charges techniques (appelé éga- lement spécification technique).

Dans ce contexte, les critères de choix doivent être élaborés suivant trois dimensions:

– dimension économique,
– dimension technique,
– dimension stratégique.

L'acheteur aura ainsi exploité le marché par une action de « REVERSE MAR- KETING » (Figure 11-3).

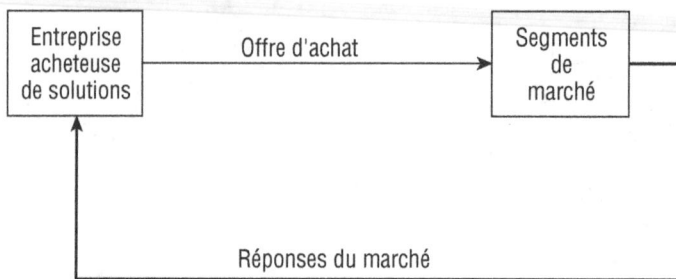

Figure 11-3 • L'offre d'achat

Ce rôle très en amont des achats tend à se généraliser, que les contraintes soient externes ou internes à l'entreprise, d'où la nécessité que les achats soient parfaitement intégrés aux projets de l'entreprise.

Un projet d'achat peut se présenter sous la forme de C.C.O.

Rôle de l'acheteur dans la C.C.O.

Avant de présenter la démarche C.C.O., il convient d'en donner la définition.

A – Définition de la C.C.O.

C'est une méthode de dialogue constructive entre la direction commerciale de l'entreprise et la direction industrielle pour le développement d'un produit (service, procédé) par opposition à deux situations:

© Éditions d'Organisation

a) la « dépense contrôlée » dans laquelle le service commercial n'a aucune action sur le coût final du produit développé.

b) le « forfait », situation dans laquelle la direction industrielle est liée « contractuellement » par un coût à ne pas dépasser.

Après la négociation initiale avec le service commercial, le dialogue est impossible.

Ces cas génèrent soit un dépassement de coût par rapport à l'évaluation initiale soit l'élaboration d'un produit au « rabais » en inadéquation avec le marché.

La C.C.O. est une alternative à ces situations, qui repose sur deux fondements :

1) la conception du produit à partir d'un cahier des charges fonctionnel (CDCF).

Le CDCF repose lui-même sur la liberté des solutions et la flexibilité des performances.

Il se caractérise par :

– la définition du besoin à satisfaire,
– l'identification des fonctions ou contraintes de service,
– les critères d'appréciation des fonctions,
– l'échelle selon laquelle seront mesurés les critères et les méthodes de travail,
– le niveau objectif à atteindre pour chaque critère,
– la flexibilité admise au niveau de chaque critère, donc de chaque fonction,
– le niveau limite des critères,
– les taux d'échange (par exemple échanger des francs contre du poids en moins).

2) un prix *objectif* donné par le marché.

Exemple : Produit : CATHETER
               Fonction : Evacuer les impuretés biologiques

Critère d'appréciation 1 : *Faculté de mise en place*
    Unité de mesure : seconde
    Niveau objectif : 15
    Méthode de mesure : essais chimiques
    Flexibilité : 5 secondes en plus ou en moins
    Niveau limite : 20 secondes

Critères d'appréciation 2 : *Capacité d'évacuation*
    Unité de mesure : litre par heure
    Méthode de mesure : procédure de mesure de débit

Niveau objectif : 2 l/h
Flexibilité : 0,01 % à 5 %

B – La démarche C.C.O.

Les différentes étapes de la démarche sont :

- répartition du COÛT OBJECTIF GLOBAL en COÛT OBJECTIF par fonction dans le cas d'un petit projet ou en COÛT OBJECTIF par phase de développement dans le cas d'un projet important,
- analyse technico-économique des fonctions (relations performances/coût entre autres),
- recherche de solutions techniques sans changer la spécification en mesurant les écarts aussi bien de manière globale que fonction par fonction par rapport aux prix de départ,
- recherche de solutions techniques alternatives en proposant des options ou variantes respectant au mieux les objectifs de coût. Cette opération nécessite la modification du cahier des charges fonctionnel,
- mesure des résultats obtenus avec le nouveau produit élaboré, en termes de coût et décision d'arrêt de l'étude dans le cas d'une inadéquation du produit par rapport au marché (solution technique non vendable) ou poursuite de l'étude en validant les solutions retenues ou en étudiant une variante.

C – Rôle de l'acheteur

Nous pouvons reprendre une formule déjà utilisée : le rôle de l'acheteur dans le contexte d'innovation des produits consiste à :

AIDER LE FOURNISSEUR À RÉUSSIR

Ainsi, il doit considérer ses partenaires externes comme des *fournisseurs d'idées* déclenchant ou accompagnant l'innovation.

La relation contractuelle dans le cas où les fournisseurs sont sollicités pour trouver des conceptions à partir d'un cahier des charges fonctionnel est de type concurrentiel à partir d'une consultation que nous appelons « concours d'idée ».

Citons par exemple la démarche PTT : celui qui a présenté le meilleur projet aura la plus grande part du marché mais il devra laisser le reste à ses concurrents moins heureux qui devront fabriquer en suivant son projet.

Les fournisseurs peuvent également être sollicités pour chiffrer des solutions élaborées par un groupe de travail interne. Dans ce cas, le rôle de l'acheteur consiste à :

- obtenir de la part des fournisseurs une évaluation financière correcte,
- aider les fournisseurs à évaluer au bon niveau de précision,
- leur indiquer les fonctions et critères clés pour leur éviter toute perte de temps à chiffrer les détails,
- convaincre les fournisseurs d'entrer dans la démarche C.C.O. en leur donnant la possibilité de suggérer des options pour modifier le cahier des charges ou la spécification dans le sens d'une optimisation des coûts.

Sur le plan de la relation interne, l'acheteur, sans collaborer de façon systématique, peut et doit participer à des réunions formelles ou informelles avec le bureau d'études, le service marketing, pour apporter son éclairage comme nous l'avons déjà indiqué.

À partir d'une démarche ouverte d'écoute active, il essaiera alors d'établir la relation existante entre les fonctions à satisfaire et le produit à acheter.

Son analyse peut se faire à partir d'un questionnaire du type :

- Le *besoin* à satisfaire est-il bon ? Pourquoi ? Comment les concurrents le satisfont-ils ?
  Avons-nous déjà réalisé un tel produit ?
- Les *fonctions* ou contraintes sont-elles utiles ? Pourquoi ? Quelles sont les fonctions les plus onéreuses ?
  Ce produit a-t-il déjà fait l'objet d'une offre ? Pourquoi ?
- Quels sont les niveaux de flexibilité des critères d'appréciation ?
- Comment les fonctionnalités demandées sont-elles satisfaites dans d'autres secteurs d'activité ?

Remarque. Il s'agit d'une source d'innovation technico-économique majeure. En effet, les prescripteurs internes vivent souvent mentalement dans un « monde fermé », un monde où les solutions sont offertes par des fournisseurs « du métier ».

Un homme de bureau d'études aéronautique, automobile ou agroalimentaire ira vers des fournisseurs connus pour être aptes à le satisfaire en toute *sécurité*, c'est-à-dire des fournisseurs ayant pour cible l'aéronautique, l'automobile, l'agroalimentaire.

Une même fonctionnalité, toutes contraintes intégrées, aura des prix d'acceptation des marchés qui peuvent être très différents. L'acheteur doit faire intégrer cette notion à ses partenaires.

Une fonctionnalité satisfaite par un tube inox de diamètre 0,5 mm trouvera un prix de marché de 1 sur le marché mondial et de 10 sur celui de l'électronique. Il s'agit du même produit... : une aiguille de seringue pour employer le vocabulaire du médical.

Les exemples sont innombrables en électronique (grand public – avionique), machine-outil (agroalimentaire, filière bois), etc.

L'acheteur a donc intérêt à se poser et à faire poser la question : comment font les autres ? On peut systématiser cette démarche (inspirée également de l'analyse de la valeur) en se servant du Tableau 11-4.

Les métiers

Code APE / Fonctions	1	2	3	4	- -	- -	- -	- -	- -	n
x	X		X	X						
y										
- -										
n										

Tableau 11-4 • Le couple métier/fonction

Il se posera la question :

* dans le métier 1, la fonction X est-elle demandée ?
* dans le métier 2, la fonction X est-elle demandée ?
* dans le métier 3, la fonction X est-elle demandée ?
* etc.

Dans le cas ci-dessus, la fonction X est demandée dans les activités 1, 3, 4.

L'acheteur contactera des collègues de ce métier (ils ne sont pas concurrents) pour connaître les fournisseurs, les prix, les contraintes, etc.

Le but de ce questionnement est, d'une part, de vérifier que le marché fournisseur n'offre pas de solution plus rentable que la solution retenue par les partenaires internes (aussi bien aujourd'hui que dans une optique future) et, d'autre part, d'identifier si des gains ne peuvent être faits sur certaines fonctionnalités en relâchant certaines contraintes.

En effet, il est classique que le prix d'une fonctionnalité croisse de façon non proportionnelle à la performance.

Le Graphique 11-5 illustre ce problème qui doit être mis en évidence par l'acheteur.

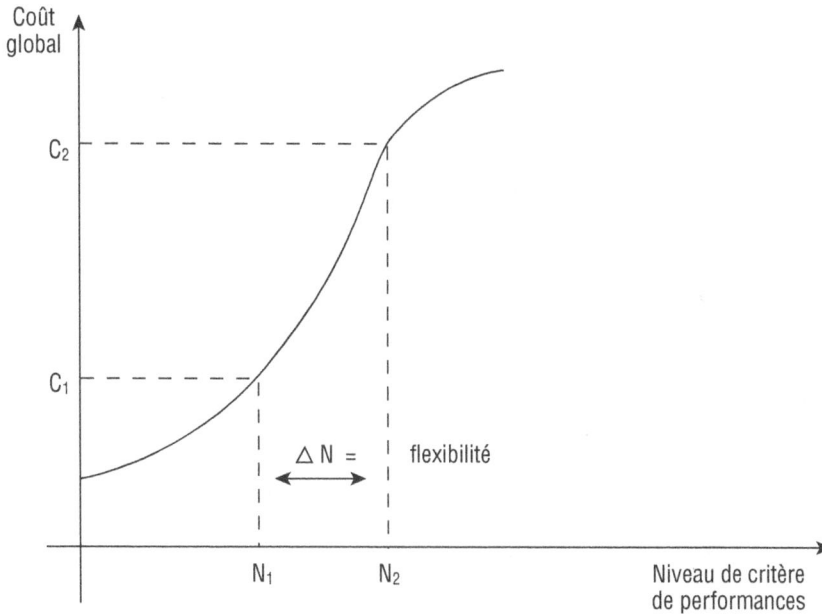

Figure 11-5 • Graphe coût/performance

Une légère flexibilité des critères de performance peut provoquer un gain important sur le coût global.

RÔLE DE L'ACHETEUR DANS L'ANALYSE DE LA VALEUR

L'acheteur peut enfin, après la mise en fabrication des produits ou l'élaboration des prestations, réduire le coût en participant à des opérations d'analyse de la valeur ou en élaborant un questionnaire inspiré de l'analyse de la valeur auquel il s'efforce de répondre chaque fois qu'il a à acheter un produit de la zone A de l'analyse de Pareto (se référer à mon livre *Acheter avec profit, op. cit.*) ou un produit stratégique.

Rappelons ici, de manière très simplifiée, le principe de l'analyse de la valeur.

– Pour satisfaire un besoin, un produit doit remplir un ensemble de fonctions. Il se crée ainsi un couple fonctions-besoins.

– L'analyse de la valeur répond à la question : quelles sont les conséquences sur le couple fonctions-besoins si nous supprimons la fonction F_i à laquelle on associe un coût C_i ?

La méthodologie employée est présentée dans le Logigramme 11-6.

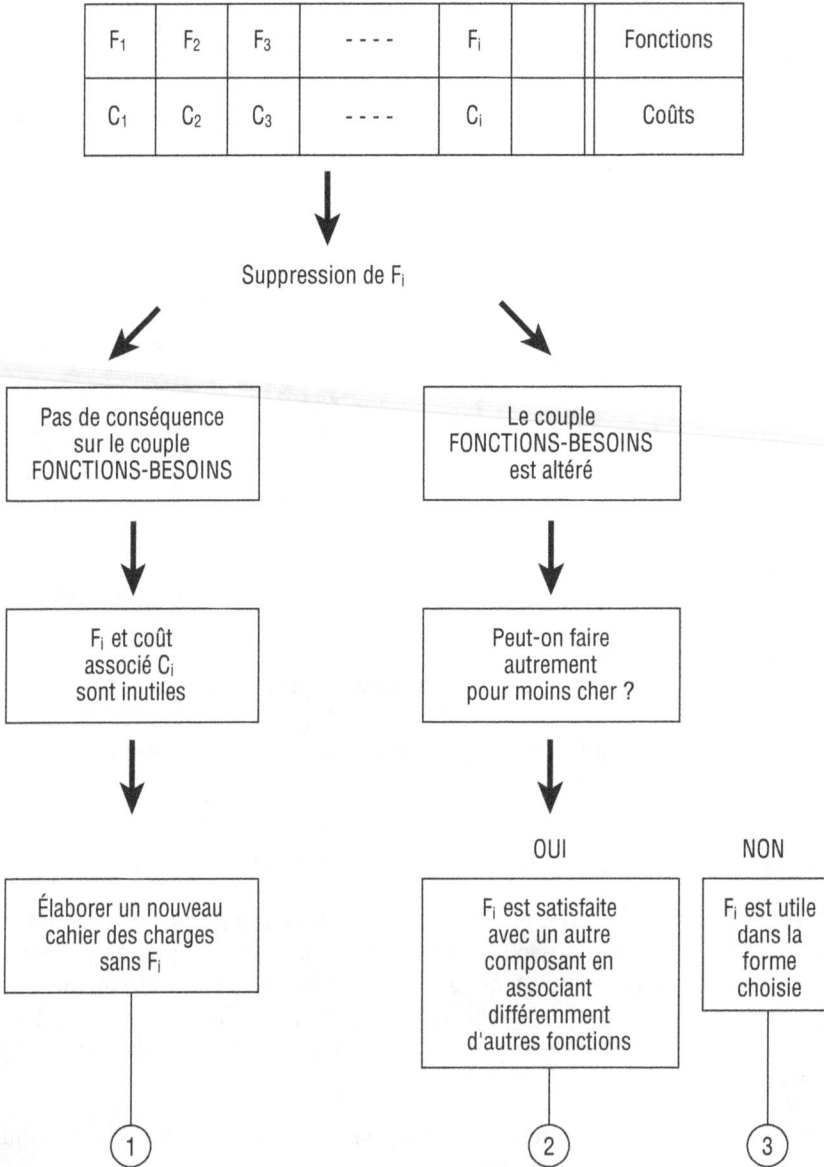

| F_1 | F_2 | F_3 | - - - - | F_i | | Fonctions |
| C_1 | C_2 | C_3 | - - - - | C_i | | Coûts |

Suppression de F_i

Pas de conséquence sur le couple FONCTIONS-BESOINS

Le couple FONCTIONS-BESOINS est altéré

F_i et coût associé C_i sont inutiles

Peut-on faire autrement pour moins cher ?

OUI   NON

Élaborer un nouveau cahier des charges sans F_i

F_i est satisfaite avec un autre composant en associant différemment d'autres fonctions

F_i est utile dans la forme choisie

① ② ③

Figure 11-6 • Principe de l'analyse de la valeur

© Éditions d'Organisation

Dans ce schéma, le rôle de l'acheteur consiste à chercher des solutions sur le marché fournisseur dans le cas 1, d'apporter ses idées dans le cas 2 ou de négocier sur le marché au meilleur coût dans le cas 3.

Finalement, vous pouvez adopter une démarche simple en vous posant les trois questions suivantes :

> POUR QUI ? POUR QUOI FAIRE ? POUR OÙ ?

– Votre réflexion sur la question POUR QUI ? vous orientera vers une meilleure compréhension du cadre de la démarche.
– La réponse à la question POUR QUOI FAIRE ? vous permettra d'amorcer si nécessaire, une réflexion sur la qualité des produits achetés, la sur-qualité ou la sous-qualité, quitte à négocier des améliorations avec les partenaires internes.

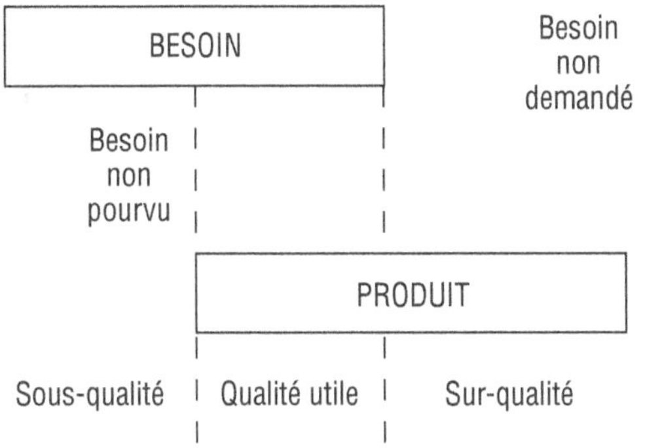

Figure 11-7 • La qualité utile

– La dernière question vous permettra de raisonner sur les risques d'approvisionnement, les coûts de maintenance, les coûts logistiques, etc.

12
Troisième variable : la communication

Communiquer, c'est avant tout informer.

L'équipe marketing achats doit dispenser cette information suivant deux dimensions : interne et externe.

Qu'elle soit interne ou externe, la communication est une variable fondamentale de MIX-ACHATS car elle constitue en quelque sorte la reconnaissance de la fonction. En effet, communiquer c'est faire preuve de compétence.

LA COMMUNICATION INTERNE

Elle doit s'organiser autour de deux axes :

– l'information sur la vie des achats,
– l'information sur le marché de l'offre et de la demande.

Dans le premier cas, il s'agit d'informer les partenaires internes à l'entreprise sur :

– la politique d'achat menée : ce sont les objectifs poursuivis,
– la stratégie adoptée : ce sont les moyens ou les grands axes de réflexion pour tenir les objectifs prévus,
– les tactiques employées : ce sont les plans d'action permettant de « coller » à la stratégie élaborée.

En revanche, les partenaires internes doivent communiquer les éléments indispensables à l'action marketing et plus généralement au bon fonctionnement des achats.

Le Tableau 12-1, non exhaustif, récapitule les grands axes de communication entre les différentes fonctions de l'entreprise.

	COMMUNICATION	
	Achats → fonction	**Fonction → achats**
Direction générale	– organisation de la fonction – plans et budgets à moyen et long terme	– politique d'entreprise

Direction commerciale	– dérive des prix de revient
	– impact financier des achats effectués à l'étranger
	– sources et produits utilisés par les concurrents
	– fiabilité des sources utilisées et des produits achetés
	– évolution et durée de vie des produits achetés
		– prévisions à moyen et long terme
		– prospects et besoins futurs en termes de :
		  • produits
		  • pérennité
		  • après-vente
		– impositions clients sur les sources et les produits
		– évolution du budget sur affaires

Direction industrielle	– calcul du coût global des investissements – sélection de fournisseurs d'investissements et de maintenance – gestion de production des fournisseurs	– décisions d'investissements – réflexions de type MAKE OR BUY
Direction des ressources humaines	– projets d'évolution des effectifs – profil de postes et missions par ligne de produits d'achats – plan de formation	– potentiel humain disponible à court, moyen ou long terme – politique salariale – politique d'évolution de carrière
Recherche et développement ; bureau d'études	– mise à jour de la documentation produits – innovations technologiques – produits standard – liste des produits et fournisseurs homologués – participation aux actions d'analyse de la valeur	– choix techniques avant décision – choix de fournisseurs ou produits non homologués – durée de vie, fiabilité des produits à acheter – expression des besoins sous forme fonctionnelle
Qualité	– fournisseurs nouveaux commercialement aptes à travailler avec l'entreprise – « Reporting qualité » sur les actions achats	– homologation des fournisseurs commercialement aptes à travailler avec l'entreprise – performance des fournisseurs – mise au point « qualité » des fournisseurs nouveaux – procédures qualité

/.../

© Éditions d'Organisation

/.../

Fabrication/ production	– reports de délai des livraisons – délais moyens d'approvisionne-ment – gestion de production des four-nisseurs – phase de vie des produits	– process de fabrication – gestion de la production – calendrier prévisionnel des approvisionnements
Direction administra-tive et finan-cière	– dérive des prix – impact financier des achats à l'étranger	– conditions de paiement des fournisseurs – politique d'indexation des valeurs étrangères

Tableau 12-1 • La communication interne

Dans le second cas, il s'agit de faire connaître les lois du marché, c'est-à-dire par exemple :

– la phase de vie des produits achetés ou en prévision d'achat,
– les produits standard utilisables,
– les sources nouvelles,
– l'évolution et la pérennité des sources actuelles,
– les coopérants futurs probables,
– etc.

Pour distribuer cette information, vous pouvez utiliser un support de type « gazette » à fréquence trimestrielle ciblé par thèmes. Cette gazette n'em-pêche évidemment pas l'information directe à caractère individuel.

LA COMMUNICATION EXTERNE

Cette action, souvent négligée, est pourtant indispensable dans le cas de recherche de nouvelles sources d'approvisionnements.

Que ce soit pour construire un nouveau marché (segmentation) ou pour élar-gir un marché fournisseurs existant, il s'agit de faire connaître aux fournis-seurs potentiels, l'essentiel des caractéristiques d'approvisionnement de l'entreprise.

L'entreprise acheteuse va ainsi vers la vente de ses besoins.

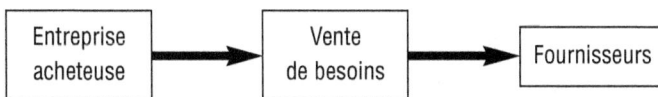

Figure 12-2 • L'acheteur vendeur de ses besoins

L'offre d'achat présentée au marché fournisseurs doit comporter les rubriques suivantes :

a) Présentation rapide de la société comprenant :

- les renseignements administratifs généraux : adresse, téléphone, fax, capital, etc.,
- l'identité des principaux managers,
- l'évolution du chiffre d'affaires sur les trois dernières années,
- l'effectif,
- les locaux en termes de surfaces,
- une description sommaire des activités comprenant l'aspect historique.

b) Identification des lignes de produits achetés

Idéalement, la plaquette d'achats contient la liste des lignes de produits achetés avec indication du chiffre d'affaires prévisionnel de l'année suivante (ou une unité de mesure plus neutre telle que le tonnage ou les quantités).

c) Organigramme de la fonction achats

Le nom, la fonction et les responsabilités de chaque acheteur sont des données très valorisantes et prouvent un grand professionnalisme des acteurs.

LA COMMUNICATION MIXTE

Enfin, la communication peut revêtir une forme mixte.

Il s'agit de faire connaître une entreprise fournisseur aux partenaires internes et en même temps de faire connaître au fournisseur le contexte dans lequel il intervient.

L'exemple donné ci-après, mis en œuvre par l'Aérospatiale est d'une grande efficacité. La plaquette « bilan des activités » est remise aux membres de l'entreprise fournisseur invités. À cet égard, il convient d'inviter une partie importante et représentative de l'effectif du fournisseur. Ainsi, l'ouvrier de fabrication reconnaît son travail intégré dans un ensemble tel qu'un avion.

Cette opération génère naturellement un flux de contacts ultérieurs plus riche.

Pour terminer ce chapitre, je vous donne ci-après les trois exemples suivants :

- d'une part, une information sur le marketing achats, à usage interne, d'Elecma, Division Électronique de SNECMA, et d'autre part,
- une plaquette d'achats de la société Auxilec,
- une plaquette invitation de fournisseur empruntée à l'Aérospatiale, toutes deux à usage externe.

UNE DÉMARCHE NOUVELLE :

LE MARKETING ACHATS DANS LES APPROVISIONNEMENTS

• L'activité de la Division, centrée sur l'électronique de régulation des moteurs d'avions, se caractérise par une évolution technologique très prononcée dans un marché fort concurrentiel. Cette évolution s'explique par le niveau de performance de plus en plus élevé demandé à ces systèmes et a entraîné une augmentation de la part de l'électronique au détriment de l'hydromécanique dans leur constitution.

SYSTÈMES DE RÉGULATION
ÉVOLUTION DES COÛTS RELATIFS
ÉLECTRONIQUE/HYDROMÉCANIQUE

A un niveau de complexité et de performance élevé correspond généralement un coût croissant. Cette tendance a pu être inversée par l'emploi de nouvelles techniques, de nouveaux composants à forte intégration, alliée à une diminution des coûts internes - automatisation des chaînes de production (CMS) et de test (ATE). Ces dispositions ont entraîné une évolution des coûts relatifs de production.

Par ailleurs, ces évolutions s'inscrivent dans un contexte économique lui-même changeant.

Pour s'adapter à cette nouvelle situation, notre Division à l'instar d'autres Sociétés à vocation similaire - se dote d'un outil supplémentaire par la création, au sein des Approvisionnements, d'une cellule MARKETING ACHATS.

Interfaces "amont" de la cellule Marketing

• Le coût du produit étant déterminé par sa conception, cela implique la considération simultanée des facteurs économique et technique dès le stade avant-projet : c'est la notion de "design to purchasing" ou conception à prix objectif.

La Cellule Marketing Achats participe à cette information du concepteur moyennant les conditions suivantes :
- Connaître les fonctions à assurer et les produits correspondants.
- Connaître le marché.

- Assurer notre capacité de réagir à ces deux contraintes.

Connaître les fonctions à assurer et les produits correspondants

• Nous constatons qu'à la notion "acheter au meilleur prix" se substitue celle de "concevoir pour mieux acheter".

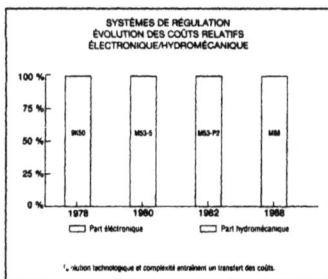

Le temps est donc révolu où la mission des achats se bornait à répondre aux besoins exprimés. Dans une démarche Marketing, les achats doivent intervenir le plus en

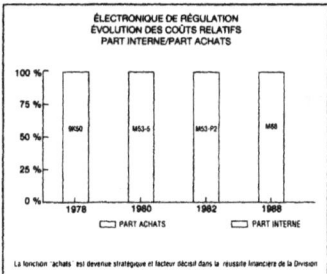

ÉLECTRONIQUE DE RÉGULATION
ÉVOLUTION DES COÛTS RELATIFS
PART INTERNE/PART ACHATS

amont possible dans le processus de conception pour connaître les fonctions, les produits; ainsi, la cellule Marketing sans chercher à se substituer au technicien - elle n'en a ni la vocation, ni la compétence - mettra en relation les fabriquants et le concepteur pour atteindre l'objectif.

Connaître le marché

• Dans notre domaine, se dégagent deux grands groupes de pro-

duits. Les "stratégiques" à haute vulnérabilité, souvent spécifiques à une étude - c'est notamment le cas des customs - et les produits "catalogue", dont la pérennité n'est jamais assurée. Dans le premier cas, ce sont souvent des approches du type partenariat concepteur-fabriquant qui, en assurant le partage des enjeux et des bénéfices, permettront de garantir le niveau de performance, la confidentialité des solutions techniques et leur exclusivité tout en sécurisant l'approvisionnement. Leurs inconvénients résident dans les mises de fonds - souvent importantes pour notre Division - nécessaires à la conception et à la maîtrise du processus de fabrication.

Pour ELECMA, il s'agit de gérer le risque par le choix "à coup sûr" du partenaire-fabriquant idéal. La cellule Marketing doit dans cette optique participer à la gestion de ce risque en proposant une liste fabriquant-produit fiable.

Dans le second cas - et il s'agit d'une configuration classique dans le domaine de l'électronique - le choix d'un produit au stade de la conception, outre les aspects antérieurement évoqués, est lié à la réponse aux deux questions suivantes :

- Quel est son cycle prévisionnel de vie ?
- Quelle sera l'évolution du coût dans son cycle de vie ?

Là encore, il appartient à la Cellule Marketing d'apporter cet éclairage au concepteur moyennant la

Conjonction entre la fonction à assurer et les tendances du marché

• Simultanément à cette activité rela-

tionnelle et d'interface concepteur-fabriquant, la Cellule marketing - à l'écoute du monde extérieur - doit informer les services techniques sur les produits nouveaux, les nouvelles techniques qui se font jour, sans omettre les renseignements qu'une simple lecture des revues spécialisées ne permettrait pas d'obtenir systématiquement.

Produits, techniques, évolution des coûts, marché , fabriquants, autant d'éléments qui viendront alimenter une base de données à laquelle auront accès les services techniques, certes, mais aussi, la fonction "devis" et les acheteurs.

Le service devis doit appréhender non seulement le coût actuel mais aussi son évolution, afin de permettre le chiffrage du coût de production dans le cadre d'une proposition commerciale pour un ensemble dont la réalisation sera effective 2 ou 3 ans plus tard. Cette démarche élargit la marge de négociation de notre service commercial.

Les acheteurs y puiseront les informations liées au concept de "prix objectif d'achat", référentiel de coûts déterminé par la connaissance du marché.

Interface aval de la cellule Marketing

• Ainsi, nous constatons que les actions en "amont" de la Cellule Marketing trouvent un prolongement dans les actions "aval" au niveau des acheteurs.

A ce stade, une observation s'impose. Généralement, et sous l'optique du marché, nous pouvons classer les produits approvisionnables en deux catégories :

- Produits dont le potentiel d'achat ELECMA permet d'avoir un impact important sur le marché (cas des connecteurs-moteurs).
- Produits dont la faiblesse relative de notre consommation ne permet pas cet impact (cas des composants actifs).

Dans le premier cas, les approches et actions précédemment décrites permettront à l'acheteur d'optimiser les résultats. Dans le second cas, par contre, il appartient à la cellule Marketing d'informer l'acheteur sur le marché , les principaux clients, les fournisseurs potentiels... et de susciter des "groupements d'acheteurs" entre industriels de la

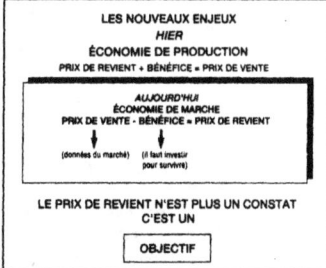

LES NOUVEAUX ENJEUX

HIER

ÉCONOMIE DE PRODUCTION

PRIX DE REVIENT + BÉNÉFICE = PRIX DE VENTE

AUJOURD'HUI
ÉCONOMIE DE MARCHE

PRIX DE VENTE - BÉNÉFICE = PRIX DE REVIENT

(données du marché) (il faut investir pour survivre)

LE PRIX DE REVIENT N'EST PLUS UN CONSTAT C'EST UN

OBJECTIF

profession afin de tendre vers une "taille critique". Cette information permet à l'acheteur de rééquilibrer, en sa faveur, le rapport de forces dans la négociation.

La vocation relationnelle qui caractérise la Cellule Marketing, l'implique en interne dans la connaissance des programmes commerciaux et leur cadencement en production, les orientations technologiques de la Division et ses projets, les masses d'achat par produit et par fournisseur... La Cellule Marketing permettra de conforter la place de leader Européen que la SNECMA - à travers sa Division ELECMA - maintient dans le domaine des électroniques de régulation des moteurs aéronautiques.

LE MARKETING ACHATS

POUR ÊTRE DANS LA COURSE

Extrait du Bulletin d'information interne d'Elecma,
Division Électronique de SNECMA, ECHO X, septembre/octobre 1991

◆ AUXILEC

PLAQUETTE ACHAT

PRINCIPAUX APPROVISIONNEMENTS

PRÉVISIONS 1991

RENSEIGNEMENTS GÉNÉRAUX ET ADMINISTRATIFS

Adresse : 41, bd de la République, 78400 CHATOU
Téléphone : 34.80.73.00 TÉLEX : 689117 F FAX : 34.80.74.08
Capital : 44 940 000 F
SIRET : 552 114 175 00078 RCS VERSAILLES B 552 114 175
Banque : BNP 2, bd de Valmy, 92700 Colombes

Président Directeur Général :		L. LE PORTZ
Direction Générale	:	H. CARDOT
Direction Financière	:	T. AUGENDRE
Direction des Ressources Humaines	:	P. GROISY
Direction des Programmes	:	H. DEVRED
Direction Technique	:	C. JACQUES, M ⌐
Direction Marketing	:	P. WALLY
⁻tion Usine		
⁻⁻	:	ℳ
	:	
⁻⁻ⁿₒ		

Extrait de la plaquette d'achat de la Société Auxilec

AUXILEC

Auxilec a pour vocation l'étude et la fabrication d'équipements liés à un pôle particulier de l'avionique : l'électronique de servitudes. Filiale de Thomson-CSF, elle est rattachée à la Branche Equipements Aéronautiques.

Le bon fonctionnement des systèmes électroniques de bord est essentiel. Ces systèmes se multiplient, sont organisés en redondance et ont besoin d'une énergie électrique fiable et de grande qualité. La génération et la gestion de l'énergie électrique à bord constituent un maillon vital pour Thomson-CSF.

Ce pôle d'activité à part entière se développe rapidement grâce à l'apparition de nouvelles technologies, permettant de générer une puissance électrique égale sous un ʾʾolume et une masse de plus en ʾʾibles : utilisation de nou- ʾʾaux, de circuits ʾ

Systèmes de génération électrique

Les VSCF (Variable Speed Constant Frequency) représentent aujourd'hui les sources principales de puissance électrique des avions de nouvelle génération.

Auxilec a développé, depuis plus de quinze ans, des VSCF basés tant sur les alternateurs de haute puissance massique que sur l'électronique de puissance des convertisseurs.

Les VSCF Auxilec sont destinés à remplacer les générateurs de technologies anciennes actuellement en exploitation en apportant gain de masse, meilleur rendement, fiabilité accrue et diminution du coût de la maintenance.

Le concept modulaire original des VSCF Auxilec permet l'implantation du système de génération dans des enviroʾ différeʾ

Gestion de puissance et de distribution

Cette gamme de systèmes, qui intègre tous les composants statiques de gestion et de conversion de l'énergie électrique DC ou AC, est en pleine mutation. Cette évolution est due en particulier à l'arrivée du concept de "cœur électrique" qui permet d'optimiser la distribution, le contrôle de l'énergie électrique des équipements de bord et de diminuer la masse et le coût de leur maintenance.

Ce système qui équipe déjà les ATR 42 et 72 est également retenu pour la version MK II de l'hélicoptère SUPER PUMA.

Dans ce domaine, les convertisseurs produits par Auxilec ont un rôle essentiel. Leur variété (DC/DC, DC/AC, AC/DC) couvre les différents domaines d'utilisation dans les environnements les plus typiʾ ʾ missiles, armement ʾous-marins. ʾuiʾ

La page 2 donne la description des produits fabriqués.

ACHATS DE PRODUCTION

RUBRIQUE	S/RUBRIQUE	CODE FAMILLE TECHNO	QTÉS VOLUMES KF-HT	NORMES SPÉCIF.
1	USINAGE	47	33 000	SVT PLAN
2	TÔLERIE	45	9 000	SVT PLAN
3	COMPOSANTS MÉCANIQUES DIVERS	49	6 800	SVT PLAN
4	BALAIS CARBONE	56	6 000	SVT PLAN
5	COLLECTEURS	41	5 000	SVT PLAN SPÉC.AÉRO
6	CONNECTIQUE	55	4 500	STANDARD
7	SEMI-CONDUCTEURS	61	4 300	STANDARD SPÉC
8	FONDERIE	00	4 000	SVT PLAN NORME AIR N° 33801C
9	DÉCOUPE – EMBOUTISSAGE	46	4 000	SVT PLAN
	DÉCOLLETAGE	47	4 000	SVT PLAN

**La page 3 est consacrée à l'offre d'achat.
Suivent l'organigramme des achats ainsi que les références clients.**

FOURNISSEUR X à aérospatiale

| **Votre position à Toulouse** |

☞ • Numéro 1 de la protection des circuits électriques

☞ • Classé 6ᵉ en 1989 en C.A.
parmi 80 fournisseurs de matériels électriques embarqués

☞ • 50 références approvisionnés par Toulouse

☞ • 350 livraisons en 1989

Nos avions sont aussi les vôtres

aérospatiale Direction Achats et Contrats

FOURNISSEUR X à aérospatiale

Evolution de votre C.A. avec aérospatiale

1988

aérospatiale 108 MF

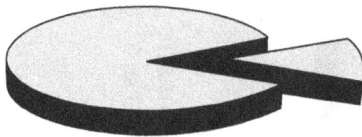

1989

aérospatiale 136 MF

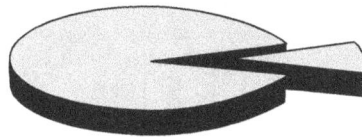

FOURNISSEUR X à aérospatiale

Vos produits : évolution du volume des marchés

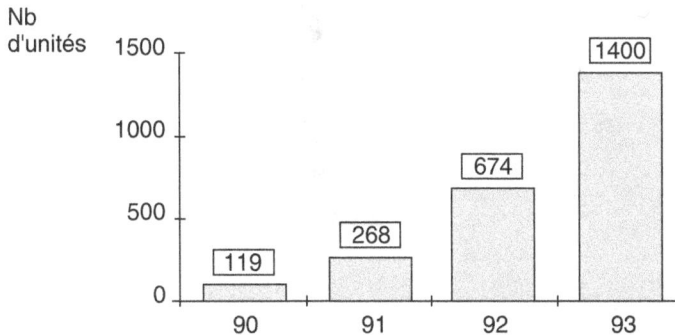

Nb
d'unités   1500

1000

674

500

268

119

0

90   91   92   93

aérospatiale Direction Achats et Contrats ——— *Nos avions sont aussi les vôtres*

1400

FOURNISSEUR X à aérospatiale

Evolution performances de livraison

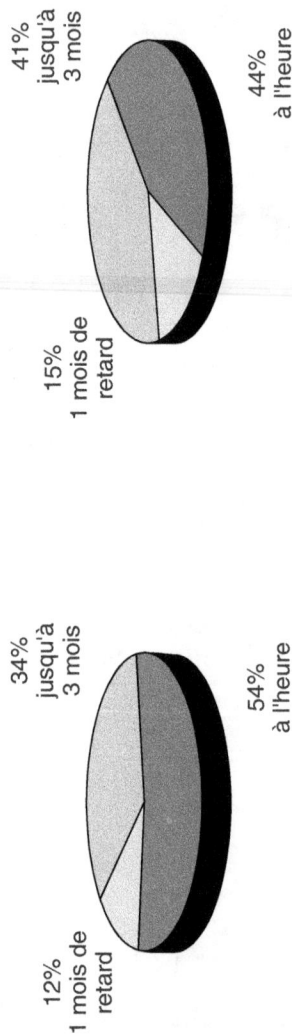

34%
jusqu'à
3 mois

54%
à l'heure

12%
1 mois de
retard

1ᵉʳ semestre 1990
1/01/90 au 30/06/90

41%
jusqu'à
3 mois

44%
à l'heure

15%
1 mois de
retard

2ᵉ semestre 1990
1/07/90 au 31/12/90

aérospatiale Direction Achats et Contrats ——— *Nos avions sont aussi les vôtres*

13

___ Quatrième variable : le marché ___

Dans le chapitre 6 « Analyse du marché », nous avons essayé de définir le rapport de forces existant entre le marché de l'offre et celui de la demande.

Du point de vue opérationnel, la variable « marché » constitue l'ensemble des moyens à mettre en œuvre pour atteindre la cible visée, c'est-à-dire les fournisseurs :

– capables de réduire les vulnérabilités des approvisionnements,
– qui ont élaboré des produits intéressant l'entreprise acheteuse.

Dans ce chapitre, nous distinguerons le cas d'un marché fournisseurs à construire, celui d'un marché existant et conclurons en introduisant l'aspect *veille technologique et commerciale*.

CAS D'UN MARCHÉ À CONSTRUIRE

C'est le cas par exemple :

– d'un marché monopolistique ou oligopolistique,
– d'un marché fournisseurs dont la capacité de production est faible par rapport à la demande,
– du marché de référence (celui habituellement consulté par l'acheteur) dont le savoir-faire ne permet pas à l'entreprise acheteuse d'acquérir l'avance technologique.

Dans de nombreux cas, les moyens employés par l'acheteur dans sa recherche de sources d'approvisionnement constituent une des causes du risque engendré.

En effet, pour des raisons de sécurité, les fournisseurs qualifiés par l'entreprise acheteuse sont issus du même milieu industriel.

Exemple :

– une entreprise du secteur aéronautique ne qualifie bien souvent que des fournisseurs qui ont déjà des références dans ce domaine, pour des raisons de culture et de savoir-faire ;

– de la même manière, les fabricants d'automobiles s'adressent souvent à des sous-traitants qui ont investi dans un parc machines adéquat.

L'acheteur est donc tenu de changer de marché et à la question :

SUR QUEL MARCHÉ VAIS-JE TRAVAILLER ?

la réponse est :

IL FAUT SEGMENTER LE MARCHÉ

La segmentation du marché de l'offre

La segmentation d'un marché consiste à découper le marché fournisseurs en sous-ensembles homogènes sur lesquels il est possible de définir une stratégie dans une perspective concurrentielle.

Par opposition à la classification des achats qui porte sur des secteurs d'activité et s'appuie sur une logique industrielle, la segmentation du marché est un découpage qui porte sur des fournisseurs et repose sur une logique « marché ».

Ainsi, la segmentation du marché doit permettre de choisir un ou plusieurs sous-groupes correspondant au mieux aux compétences de l'entreprise acheteuse et auxquels celle-ci va allouer des ressources de façon prioritaire. Elle repose donc sur la propension des fournisseurs à accepter votre offre d'achat.

Pour obtenir ces sous-ensembles homogènes, il convient de regrouper un maximum de fournisseurs aussi semblables que possible dans des catégories aussi différentes que possible.

Découper le marché fournisseurs en sous-ensembles homogènes consiste dans un premier temps à choisir des critères pertinents par rapport aux besoins de l'entreprise.

Les besoins de l'entreprise peuvent être par exemple :

– la recherche de coopérants pour la réalisation d'ensembles complexes dans le cadre d'une étude « make or buy » : c'est ce que nous appellerons le *marketing d'affaires* ;
– la réduction des vulnérabilités d'approvisionnement en ouvrant le marché à d'autres secteurs : c'est ce que nous appellerons le *marketing filières* ;
– acquérir une avance technologique en utilisant des techniques employées par d'autres métiers.

Il s'agit donc de distinguer parmi les fournisseurs potentiels :

- ceux à qui on achète :
  - des produits, des services,
  - des délais,
  - de la sécurité,
  - de la logistique,
  - de la main-d'œuvre ;

- ceux avec qui on recherche un développement commun :
  - fabrication spéciale,
  - affaires sur mesures, prototypes,

- ceux dont les produits sont sensibles :
  - matériaux stratégiques,
  - *higt-tech*.

Les critères pertinents permettent de classer ces fournisseurs :

- par taille (ABC fournisseurs, par familles),
- par métiers (aéronautique, électronique),
- par process (maîtrise des procédés de fabrication),
- par localisation géographique,
- par pouvoir d'investissement,
- etc.

La démarche est alors la suivante :

1. Définir les objectifs en termes de :
   - sécurité, confidentialité,
   - motivation des fournisseurs pour ce type de produit (activité, part de marché, diversification…),
   - niveau de qualité,
   - coût,
   - sécurité d'approvisionnement,
   - sécurité financière,
   - autres…

2. Choisir un type de segmentation, par exemple par métiers (aéronautique, mécanique, grand public). Cette étape est très intuitive et nécessite une bonne expérience du terrain.

3. Vérifier l'homogénéité des segments de marché en effectuant un *préciblage* avec l'aide par exemple d'organismes professionnels. (Voir paragraphe suivant.)

4. Choisir un marché en déterminant les axes de progrès et d'investissement pour amener le ou les fournisseurs pressentis au standard (besoin minimum acceptable) prérequis.

5. Consulter le marché choisi selon les techniques habituelles.

Les quatre premières étapes se formalisent à partir de la matrice tracée dans le Tableau 13-1.

Critères pertinents Marché fournisseurs	C1	C2	C3	C4	C5
M1					
M2					
M3					
M4					

Tableau 13-1 • Critères de segmentation du marché fournisseurs

Exemple emprunté à la CIAPEM

La société CIAPEM du groupe Thomson fabrique des lave-linge.

En 1985, la CIAPEM devait acquérir une avance technologique par l'utilisation de l'électronique. La satisfaction de ce besoin était freinée par une contrainte externe, à savoir la faible capacité du marché des fournisseurs traditionnels de l'électromécanique.

Une segmentation par « métiers » a donc été effectuée et les résultats comparés à une grille type de besoins (Tableaux 13-1 et 13-2).

	Sécurité/ confiden-tialité	Motivations des fournisseurs	Qualité	Coût	Sécurité des appros	Sécurité financière
Objectif minimum souhaitable						

Tableau 13-2 • Les objectifs de l'entreprise dans le cadre d'une segmentation du marché fournisseurs

La notation de 0 à 5 a été déterminée par consensus au cours de réunions avec les partenaires de l'entreprise, après détermination en commun d'une échelle de valeurs. Les résultats sont présentés dans le Tableau 13.3.

Secteur d'activité	Sécurité/ confiden-tialité	Motivation des fournisseurs	Qualité	Coût	Sécurité des approvi-sionnements	Sécurité financière
Fournisseurs traditionnels de l'électroménager M1	DONNÉES CONFIDENTIELLES					
Fournisseurs traditionnels de l'automobile M2	DONNÉES CONFIDENTIELLES					
Fournisseurs d'électronique professionnelle M3	4	3	4	1	2	3
Sous-traitance d'assemblage France M4	4	5	3	3	3	1
Fournisseurs du groupe M5	DONNÉES CONFIDENTIELLES					
Sous-traitance Afrique du Nord M6	3	3	3	2	2	2
Sous-traitance Asie M7	3	2	3	3	3	2
Intégration des fabrications M8	5	–	3	1	4	5

Tableau 13-3 • Dépouillement et segmentation du marché fournisseurs

La notation des critères dans chaque marché (M1 à M8) est une moyenne obtenue après consultation (voir chapitre suivant) elle permet de vérifier l'homogénéité de chaque marché.

Le choix s'est bien évidemment porté sur le marché M4 qui, après une phase de développement et d'investissement commun, notamment sur le plan de la qualité des produits, a permis d'ouvrir le marché fournisseurs et ainsi de réduire la contrainte due à l'étroitesse du marché des fournisseurs traditionnels de l'électroménager. Le problème revient maintenant à l'ouverture d'un marché existant.

OUVERTURE D'UN MARCHÉ EXISTANT

Ouvrir un marché, c'est rechercher des partenaires aptes à travailler avec votre société.

Avant d'effectuer un appel d'offres, vous devez présélectionner (ou *précibler*) les fournisseurs répondant à un minimum d'impératifs (critères).

En effet, l'acheteur est souvent démuni devant une liste de fournisseurs potentiels pour un produit et, pour être exhaustif, consulte les cinquante ou cent fournisseurs indiqués par la source de renseignements.

Une demande de renseignements (voir un modèle à la fin de cette section) accompagnée d'une lettre d'introduction expliquant la démarche et l'enjeu financier (par exemple, les quantités annuelles prévisionnelles par famille de produits) permet d'effectuer ce préciblage dont la structure est celle d'un entonnoir (Figure 13-4).

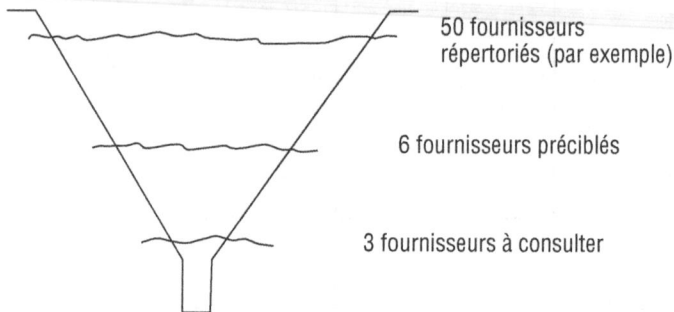

50 fournisseurs répertoriés (par exemple)

6 fournisseurs préciblés

3 fournisseurs à consulter

Figure 13-4 • Principe du préciblage

Bien évidemment, l'envoi d'une offre d'achat (ou plaquette d'achat) facilite beaucoup l'accueil d'une telle demande.

Les critères de présélection peuvent utilement être récapitulés dans un tableau que vous compléterez au retour des questionnaires renseignés.

Vous pouvez par exemple mettre en place le système de notation suivant :

- ++ pour une condition fortement remplie
- + pour une condition remplie
- − pour une condition mal remplie
- −− pour condition non remplie

et faire la somme algébrique.

On enverra, par exemple, une consultation pour achat aux trois premiers fournisseurs retenus (Tableau 13-5).

Critères de choix	Fournisseurs					
	F1	F2	F3	F4	F5	F6
Eloignement géographique	+	+	+	− −	+	+
Entreprise déjà connue de l'acheteur	+	−	−	++	+	−
Entreprise faisant plus de 30 % de son CA avec le produit	++	+	−	− −	++	++
Références clients	++	++	+	−	+	++
Technicité de l'entreprise	++	+	−	+	−	+
Assurance qualité	+	−	+	+	−	+
Santé financière	−	+	+	−	− −	+
TOTAL (ALGÉBRIQUE)	+8	+4	+1	−1	+1	+5

Tableau 13-5 • Dépouillement du préciblage

EXEMPLE DE DEMANDE DE RENSEIGNEMENTS
À ENVOYER AUX FOURNISSEURS POTENTIELS

I – GÉNÉRALITÉS

Raison sociale	
Code SIREN	
Forme juridique lieu/n° enregistrement société	
Téléphone télex	
Code APE	

II – ACTIVITÉ ET STRUCTURE

Date création société	
Modif. capital depuis création	dates : montants :
Capital actuel et répartition	
Entreprises ou fractions absorbées	date : qui ? secteur d'activité :
Appartenance à quel groupe ?	
Accords avec quelles firmes ?	

membre de ?	(syndicat prof., GIE...)
noms/fonctions des dirigeants	

Réseaux de vente nature/nom	

	Nom	Pays/ville	Secteur d'activité
Représentation à l'étranger			
Filiales			

	Dénomination	Part dans CA total	Part de marché (%)		
			Europe	France	Total
Activité(s)					
Lignes de produits					
Prestation de service					

III – LE PERSONNEL
Effectifs et leur répartition (veuillez compléter la grille)

Classification du personnel	Ingénieurs/ cadres	Maîtrise	tech./ employés	ouvriers autres total
Total				

Évolution des effectifs/formation

Année	19	19	19
Départs			
Embauches			
Âge moyen			
Ancienneté moyenne			
Nombre heures formation			

IV – STRUCTURE DU CA
Structure du CA sur 3 ans

Année	19	19	19
Part export dans CA			
CA total			

BILAN/COMPTE DE RÉSULTAT SIMPLIFIÉS DERNIER EXERCICE
(à joindre SVP) – Liste des principaux clients

Secteur d'activité	Noms et coordonnées	% CA

V – CENTRES DE PRODUCTION ET STOCKAGE

Adresses :

Moyens de desserte : route   aéroport
                    chemin de fer   autres (précisez)
Date de construction/rénovation des locaux de stockage :
                              de production :

VI – PRODUCTION

Principaux fournisseurs et sous-traitants

Prestations/ produits	Noms/adresses principaux fournisseurs et sous-traitants

Quantités fabriquées : grande série
                      pièces à l'unité
                      prototypes
                      combinaison des 3 (précisez)

Niveau des stocks de produits finis (en jours de CA) :
Habilitations obtenues (françaises et étrangères) :

VII – PROJETS ET DÉVELOPPEMENT

Produits en étude et développement					
Achats de licence actuels et futurs					
Développement d'autres activités ?					
Coopérations en R&D avec quelles firmes ?					
Année	1986	1987	1988	1989	1990
Investissements en R&D (en KF)					
Investissements totaux (en KF)					

Dates de mise en vente de vos produits actuels :

LA VEILLE TECHNOLOGIQUE ET COMMERCIALE

Bruno Martinet et Jean-Michel Ribault [1] considèrent que trois facteurs préoccupent en général les industriels en ce qui concerne leurs fournisseurs :

- l'évolution de l'offre de produits nouveaux,
- l'évolution de la relation de fournisseur à acheteur,
- la capacité du fournisseur à fournir au moindre coût (sur une période donnée) les produits dont on a besoin.

L'évolution de l'offre de produits nouveaux

L'enquête qui conduit à cette connaissance est aisée dans le cas de produits courants, à durée de vie relativement longue, car les fournisseurs vous proposent eux-mêmes leurs services.

En revanche, dans le cas de produits *high-tech* ou à durée de vie courte (voir annexes), l'information donnée par les vendeurs qui vous visitent est souvent déphasée (c'est-à-dire non anticipée).

Par ailleurs, les fournisseurs ne connaissent pas obligatoirement vos besoins futurs.

Vous devez donc, dans le but d'informer vos partenaires internes, mener une enquête sur :

- l'évolution du « plan produits » chez vos principaux fournisseurs (politique et stratégie des entreprises),
- l'évolution historique du marché,
- la situation des produits dans le temps (courbe de vie),
- le niveau de technicité et les risques d'industrialisation,
- l'évaluation de la recherche sur les produits de substitution,
- le nombre de sources potentielles,
- les domaines d'application.

Les outils généralement employés pour mener et formaliser cette enquête sont :

- la recherche de la filière produits (voir le chapitre 5 « Analyse des besoins ») qui consiste à reconstituer l'arbre généalogique de la famille de produits. Cette approche permet notamment de lister les sources de matières premières et de repérer les composants critiques ;

---

1. Bruno Martinet et Jean-Michel Ribault, *La veille technologique, concurrentielle et commerciale*, Éditions d'Organisation, Paris, 1988.

– la représentation du cycle de vie du produit (annexes). Cette approche comporte un aspect historique et un aspect prévisionnel renseigné à partir d'interviews auprès des principaux fabricants. La Figure 13.6 représente le résultat d'une enquête sur la filière de fabrication de composants électroniques de type « condensateurs » au début des années 1980.

Les Figures 13-7 et 13-8 représentent le résultat d'une étude historique et prospective des cycles de vie des composants électroniques actifs dans cette même période.

L'évolution de la relation fournisseur-acheteur

Dans le chapitre 6 « Analyse du marché », nous avons défini le pouvoir de négociation des parties en présence par le rapport des puissances entre l'entreprise fournisseur et l'entreprise donneur d'ordres.

Le rôle de la veille technologique consiste à apprécier les modifications qui peuvent intervenir dans ce rapport.

L'acheteur doit ainsi communiquer aux partenaires internes à son entreprise les opportunités de négociation s'offrant à son entreprise.

Il doit également appréhender les moments défavorables à un bon approvisionnement pour élaborer un plan d'actions qui permette de réduire les risques de désengagement des fournisseurs habituellement fidèles.

La capacité du fournisseur à fournir au moindre coût

Les fournisseurs qualifiés peuvent également subir ou provoquer des modifications de structure interne : investissements, problèmes financiers, démission d'un chef d'équipe qualifié, changement de politique produit, etc.

Là encore, l'acheteur doit périodiquement effectuer une vérification de la capacité de ses fournisseurs. Dans certains cas, une ouverture du marché s'impose pour pallier une défection des fournisseurs habituels.

Matériau de base	Origine	Observations
Mica	• Inde et Brésil 94 %	*facteur d'inflation* : M.O. *évolution* : rationalisation de la métallisation
Papier imprégné	• Suède • Finlande • Canada	• diélectrique en voie de remplacement par des films plastique (polypropylène...)
Tantale	• Congo • Brésil • Canada • Malaisie • Thaïlande • U.S.	*facteur d'inflation* • prix de la poudre en $ • coût main-d'œuvre pour les boîtiers métalliques *évolutions* • développements nouveaux modèles • chips
Polycarbonate métallisé	• Allemagne de l'Ouest	• monosourcing *évolution* : pas d'évolution notoire
Aluminium	Alu : • France • Italie • R.F.A. Papiers : • France • U.S.	*facteur d'inflation* • énergie : (facteur multiplicateur de 3 à 10 entre une feuille d'alu brut et une feuille d'alu formée) *évolution* • augmentation de la gravure
Verre	• U.S.A.	• monosourcing

Tableau 13-6 • Recherche d'une filière sur le marché des condensateurs (début des années 80)

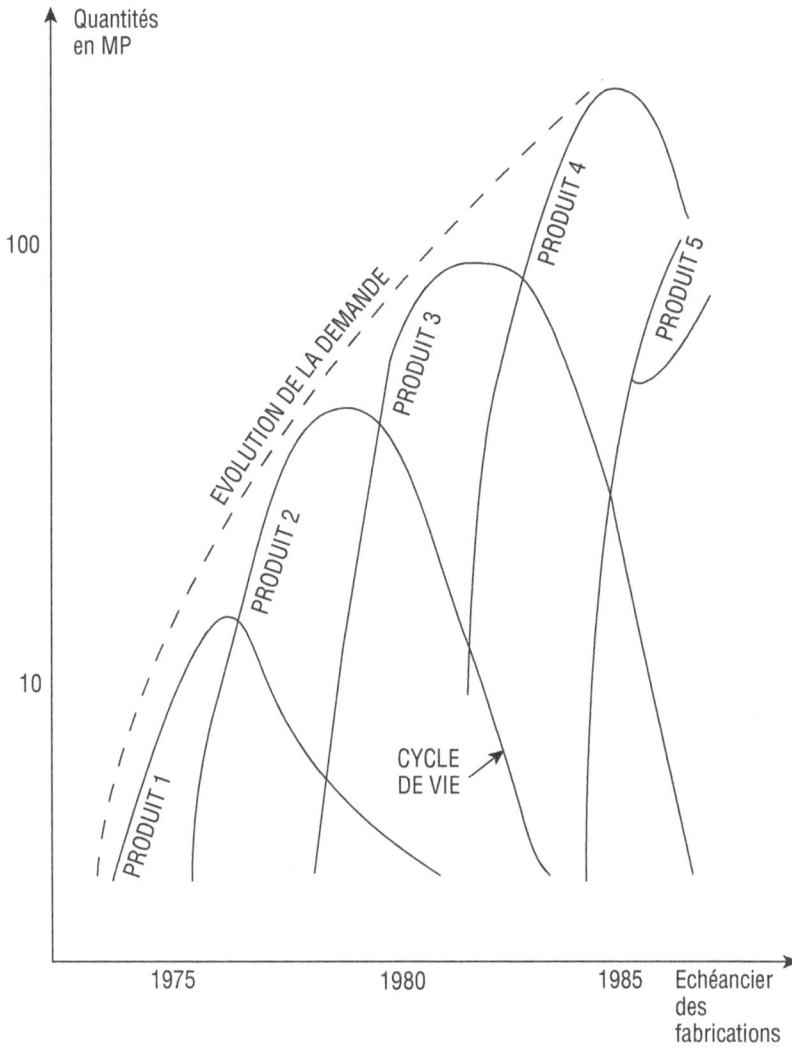

Figure 13-7 • Allure des cycles de vie de produits électroniques
(Étude faite sur des mémoires électroniques
par un grand groupe industriel)

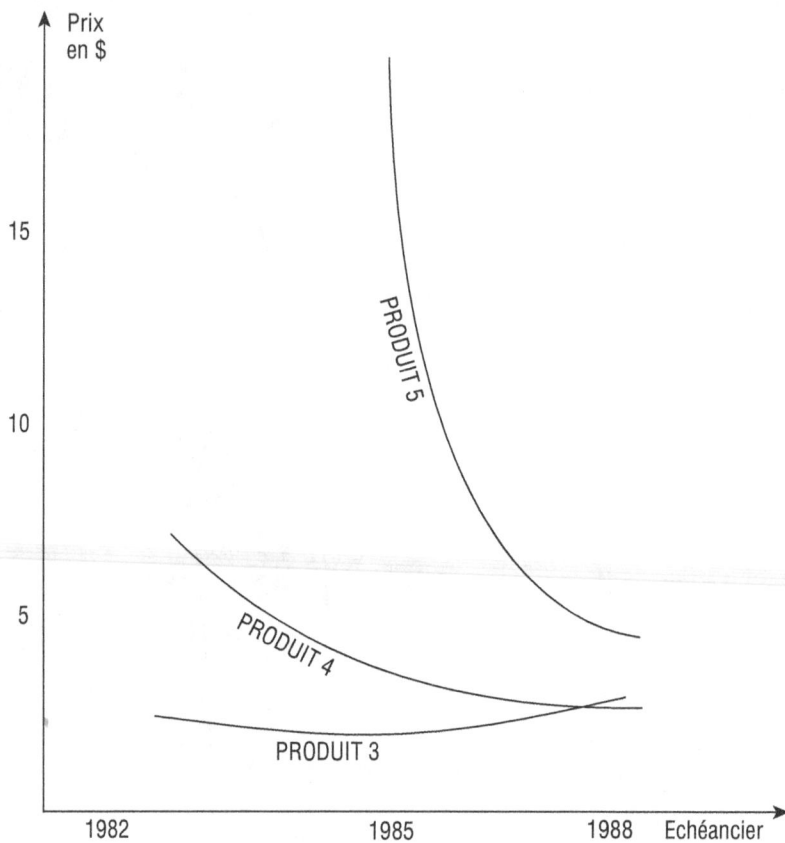

Figure 13-8 • Allure de l'évolution des prix des produits électroniques de la figure 13-7

14

Le processus de planification

La démarche marketing achats s'inscrit dans un plan formalisé. En effet, une action marketing achats se conduit comme un projet industriel et le document écrit, concrétisant le but et les objectifs de l'action revêt un caractère officiel. C'est un contrat tripartite (Figure 14-1).

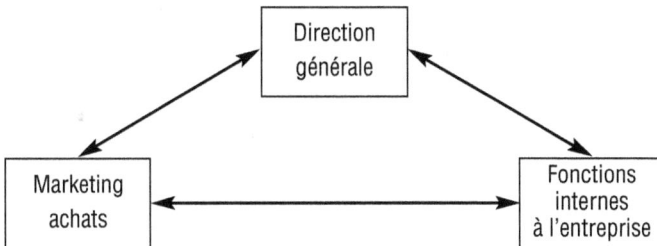

Figure 14-1 • Le contrat tripartite du marketing achats

Ainsi, le plan écrit justifie les actions envisagées tant en interne que sur le plan du marché des fournisseurs.

Le Schéma 14-2 reproduit une démarche de type « bouclée », c'est-à-dire qui tient compte des interactions entre les différentes phases.

Cette démarche débute par une analyse de la situation, provoquée ou non par un problème identifié.

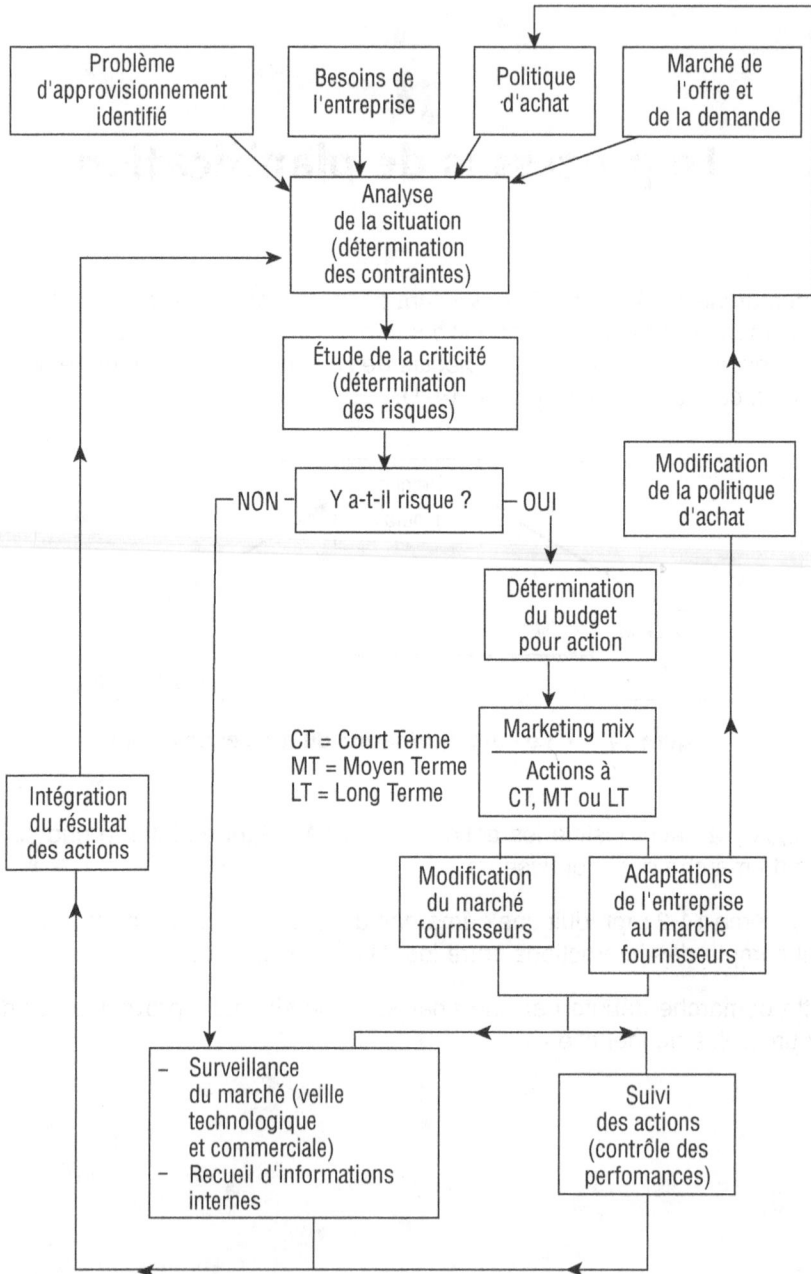

Figure 14-2 • Logigramme de planification des actions marketing achats

Nous devons insister sur ce point car, bien souvent, une action de marketing achats est provoquée par l'identification d'un problème ponctuel sans qu'ait été effectuée au préalable l'analyse du marché. Il est alors bien souvent trop tard pour envisager une quelconque action.

Nous pouvons donc affirmer que le préalable à une action de marketing achats est la connaissance du marché, aussi bien de l'offre que de la demande. La méconnaissance du marché doit être intégrée dans l'analyse des contraintes et gérée comme un *risque fort* car dans ce cas, l'acte d'achat est aveugle ; ce qui est inconcevable dans le cadre d'une relation à long terme.

La mise en œuvre du plan marketing est grandement facilitée par l'établissement d'un dossier tel que celui décrit ci-après, emprunté au domaine du textile.

Enfin, comme dans toute action, le suivi d'une éventuelle dérive est une des phases les plus importantes du plan. Toutefois, un suivi (par exemple, le contrôle de la performance des nouvelles sources) relève des techniques d'achats usuelles et je renvoie le lecteur à mon ouvrage intitulé *Acheter avec profit.*

TEXTILE
DOSSIER MARKETING ACHATS
1 – **DEMANDE COMMERCIALE** 2 – **ANALYSE DU PRODUIT À ACHETER** 3 – **ANALYSE DES CONTRAINTES LOGISTIQUES** 4 – **LES CONTRAINTES GÉOGRAPHIQUES** 5 – **LES CONTRAINTES FOURNISSEURS** 6 – **L'ANALYSE FINANCIÈRE** 7 – **CHOIX ET DÉCISIONS**   **DÉFINITION D'UNE POLITIQUE**
1 – **LA DEMANDE COMMERCIALE**

QUI : QUI FAIT LA DEMANDE ?
    Directeur commercial
    Vendeur
    Chef produit
    Styliste
    Patron

QUOI : DÉFINITION DU PRODUIT

    Type de vêtement
    Tissu, composition, poids au m^2
    Tailles, quotas
    Présentation
    Niveau de qualité recherché
    Spécificité

OÙ : POUR QUELLE DISTRIBUTION ?

    Grande distribution
    Détail
    Grands magasins
    Franchise
    Marque distributeur

QUAND : DÉLAIS

    Période de livraison
    Période de livraison au client
    Période d'engagement ferme

COMMENT, COMBIEN : LOGISTIQUE

    Quelle quantité ?
    Les minima
    À quel rythme ?
    Pour quel moyen ?
    Make or buy ?

POURQUOI : MOTIF DE LA DEMANDE

    Prix du marché
    Know-how
    Marché nouveau
    Démarche publicitaire

2 – ANALYSE DU PRODUIT À ACHETER

• UN PRODUIT S'INTÈGRE DANS UN MARCHÉ

Quel est ce marché en termes de :
    Prix d'achat
    Prix de vente

Quel est son prix de revient actuel :
    Part matière
    Part main-d'œuvre

Quelle quantité :
    Minima industriels
    Minima logistiques

Quelle technique, quelle confection :
Fabrication
Finitions
Ennoblissement

Quelle présentation :
Look
Livraison à l'article élémentaire
Livraison par ensembles standard

Quelle marque :
Absorba, A
Trois Pommes, YSL

Quelle vulnérabilité :
Utilisation, usage
Saisonnalité
Mode

3 – LES CONTRAINTES LOGISTIQUES

• LE CALENDRIER DÉCISIONNEL

Dates d'engagement et temps de réponse :
– *Création*
– *Fabrication des échantillons*
– *Engagement sur les prix*
– *Engagement sur les capacités industrielles*
– *Engagement sur les volumes à commander*
– *Date des commandes fermes*
– *Délais de fabrication*
– *Délais d'acheminement*

Transports :
– *Avion*
– *Bateau*
– *Réservation des espaces*

Arrivées :
– *Rythmes*
– *Dédouanement* – *Agents en douane*
                       – *Zone sous douane*

• MANUTENTION

Intervention sur le produit :
– *Réception, contrôle*
– *Identification* – Code-barres
                       – Étiquettes personnalisées
– *Tunnel de reconditionnement*

Traitement des volumes :
- *Saisonnalité du produit*
- *Stockage*

- COMMERCIAL

Sourcing et réactivité :
- *Analyse des solutions de remplacement*

Définition de la réactivité possible :
- *Approche de son coût*

Risque des fins de séries

- QUALITÉ

Analyse qualité :
- *Avant la fabrication*
- *Pendant la fabrication*
- *À la réception des marchandises*

Les moyens à disposition :
- *Organismes spécialisés*
- *Agents à l'achat*
- *Acheteur*

4 – LES CONTRAINTES GÉOGRAPHIQUES

- LE MARCHÉ INTERNATIONAL

Ce que dit le marché international :
- *Concurrence*
- *Offres*
- *Spécialités*
- *Nations favorisées*

- ANALYSE PAYS PAR PAYS

Stabilité politique, monétaire, sociale, facilités offertes aux investisseurs

Coût de la main-d'œuvre :
- *Sa compétence*
- *Son savoir-faire*

Évolution des salaires

Les mentalités, culture,…

Possibilités logistiques :
- *intérieures*
- *extérieures*

- LES MOYENS D'INVESTIGATION

Les fédérations professionnelles

Les consulats commerciaux

Les chambres de commerce

Les statistiques importation

Les concurrents

Les offres des tradings

La connaissance du marché

5 – LES CONTRAINTES FOURNISSEURS

- Q Q O Q C P

Qui	*Qui sont-ils ?*
Quoi	*Que fabriquent-ils ?*
Où	*Où sont-ils installés ?*
Quand	*Quelle est leur histoire ?*
Comment	*Comment sont-ils ?*

  – Perception, évaluation
  – Accueil
  – Qualité

| Pourquoi | *Quelles sont leurs motivations commerciales ?* |

- LES MOYENS D'INVESTIGATION

Analyse et évaluation par expert

Visites personnelles et répétées

Développement des contacts formels et informels, tests sur qualité :
  – *Promptitude des réponses*
  – *Précision des réponses*

6 – L'ANALYSE FINANCIÈRE

- DÉFINITION DES SEUILS

Différence entre coûts internes et externes

Définition des objectifs

- ANALYSE DES PRIX PAR SOURCE D'APPROVISIONNEMENT

Conditions FOB, CIF, CAF

Prix des transports – Rapport volume/poids

Coût des agents   – *Agents à l'achat*
                      – *Agents à la vente*

Opérations de dédouanement

Négociation   – *Frais de prise en charge*
                      – *Coûts magasinage/port*

Montant des droits de douane

Négociation des transports – Port à destination

Coût des couvertures – *Options, achat à terme*
devises

Ouverture lettres de crédit – *Transférables*
                             – *Non transférables*

Assurance

Fins de séries

• ANALYSE DES ÉCARTS

  PR/Prix standard

  Contrôle a posteriori des coefficients retenus pour l'établissement des prix standard

  Montant des écarts

  Analyse des + et des –

  Définition des objectifs

7 – CHOIX ET DÉCISIONS

• DÉFINITION D'UNE POLITIQUE

• CHOIX DE LA SOURCE D'APPROVISIONNEMENT

• CHOIX DES FOURNISSEURS

• DÉFINITION DE LA POLITIQUE

  Continuité :
  - *Un fournisseur est a priori choisi pour longtemps*
  - *Un pays   – Amérique latine / Extrême-Orient*
              – Bassin méditerranéen
              – Pays de l'Est
  - *Une méthode de travail*
  - *Le rythme des visites*

  Fermeté :
  - *Partenariat mais le   le client reste le client*
                          le fournisseur reste le fournisseur

  Ouverture :
  - *Aux besoins du marché*
  - *Aux autres sources d'approvisionnement*
  - *Aux évolutions qualitatives de ces sources*

15
La structure du service marketing achats

Faut-il disposer d'un service marketing achats ? Mon ou mes acheteurs ne peuvent-ils pas remplir des missions de marketing achats ? Ce sont les questions que se posent la plupart des directeurs achats dans les groupes industriels ainsi que les patrons de PME.

Nous aborderons cette réflexion sous trois angles : l'organisation de la fonction achats, les activités de marketing achats, et enfin, le profil de l'homme marketing achats. Ces axes de réflexion doivent vous aider à juger de l'opportunité et de la rentabilité d'un service marketing achats.

LES CRITÈRES D'ORGANISATION DE LA FONCTION ACHATS

L'organisation de la fonction achats repose sur les quatre critères suivants :

- la politique achats,
- le type d'achats,
- la gestion de l'offre d'achats,
- les relations avec les autres fonctions de l'entreprise.

La politique d'achats

D'une manière générale, les éléments constitutifs d'une politique d'achats sont :

- *les objectifs* qui peuvent se décliner selon les verbes d'actions suivants :
  - maîtriser les achats au sens du prix du marché, de l'autofinancement et du coût de revient,
  - réduire les coûts de fonctionnement du service,
  - apporter un niveau de services aux différentes fonctions de l'entreprise ;
- *les relations* avec les fournisseurs organisées en fonction de la typologie du marché (concentré ou atomisé) et de la puissance relative des parties (fournisseurs et donneurs d'ordres) ;

- *les règles de déontologie* nécessaires au bon déroulement de la mission des achats;
- *les règles de communication* tant internes qu'externes.

Les types d'achats

Il s'agit dans cette réflexion de déterminer la nature des achats relevant d'une action à long terme :

- *make or buy*,
- projets complexes (marketing d'affaires),
- durée de vie des produits achetés par rapport aux systèmes fabriqués (marketing filières),

La gestion de l'offre d'achats

En fonction des contraintes, l'offre d'achats peut être de type :

- simple (commande à court terme),
- intermédiaire (contrat à moyen terme),
- partenariale (de longue durée).

De manière évidente, plus la gestion à prévoir est de type partenarial et plus l'action marketing doit être structurée.

Les relations avec les autres fonctions de l'entreprise

Nous voulons parler ici du niveau des interlocuteurs internes.

Cette donnée n'est pas négligeable dans la détermination du rattachement hiérarchique du service marketing achats.

À partir des axes de réflexion précédents, nous pouvons déterminer les différentes missions ou activités du service marketing achats.

L<small>ES ACTIVITÉS MARKETING ACHATS</small>

Il convient maintenant de lister les activités marketing nécessaires au bon fonctionnement de l'entreprise.

Ces activités peuvent être par exemple :

a) Dans le cadre du marketing d'affaires

- les études de développement de produits,

– les études de coopérants comme sources potentielles,
– les projets *make or buy*.

b) Dans le cadre du marketing filières

– l'étude des contraintes d'approvisionnement,
– la mise en place d'une banque de données prévisionnelles (santé financière et plan de développement produits des fournisseurs importants par
  exemple, réseaux de communication, etc.),
– l'élaboration de précalculs de prix de revient,
– la veille technologique (centralisation et consolidations des informations
  relatives à l'évolution des produits, les nouvelles technologies, l'évolution
  du marché fournisseurs),
– le positionnement des produits proposés (vérification de la situation des
  produits par rapport aux possibilités du marché, aux prévisions des
  besoins, à la politique d'achats).

La mission maintenant définie, l'organisation du service marketing achats
ainsi que son rattachement hiérarchique deviennent plus aisés ; encore faut-il
tenir compte de la taille de l'entreprise elle-même.

Dans les PME, PMI, on ne peut parler de service marketing achats mais plutôt d'actions ponctuelles faites par le ou les acheteurs. En revanche, les
pages qui précèdent s'appliquent très bien à des actions ponctuelles.

En ce qui concerne les sociétés ou groupes plus importants, nous nous
contenterons de donner quelques schémas types car il serait utopique de
vouloir définir une organisation générale (Figures 15-2 et 15-3). Toutefois, la
pyramide de la Figure 15-1 reste valable quelles que soient l'activité et la
taille de l'entreprise.

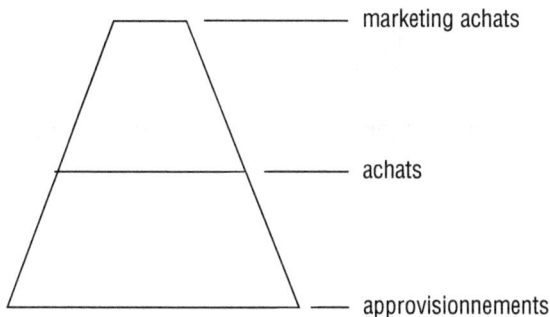

Figure 15-1 • Pyramide d'effectif de la fonction achats

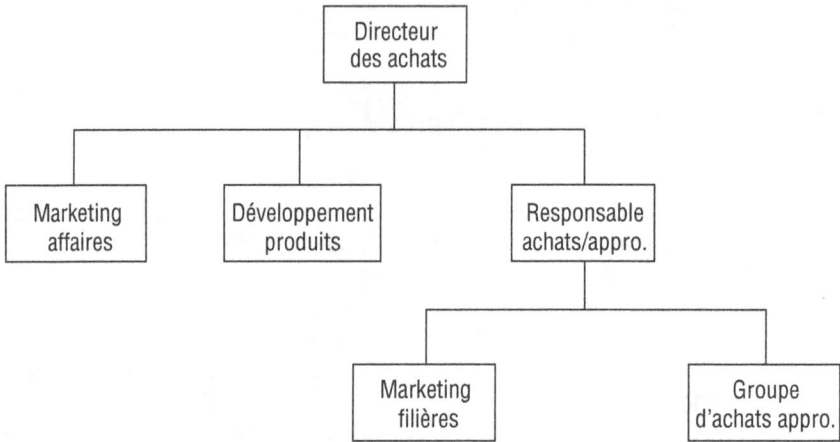

Figure 15-2 • Exemple d'organisation marketing achats

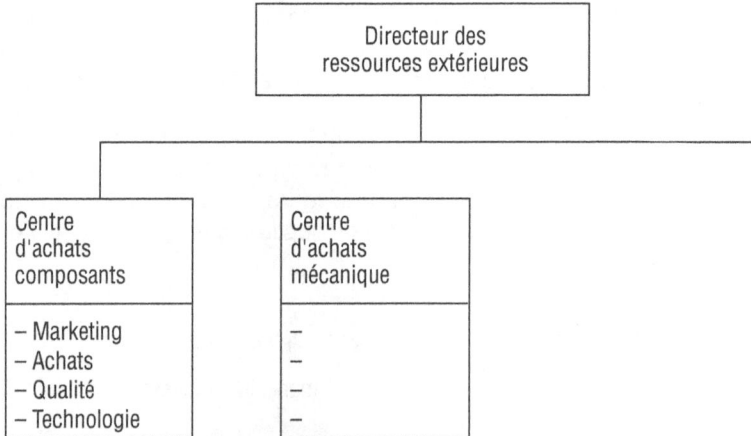

Figure 15-3 • Autre exemple d'organisation marketing achats

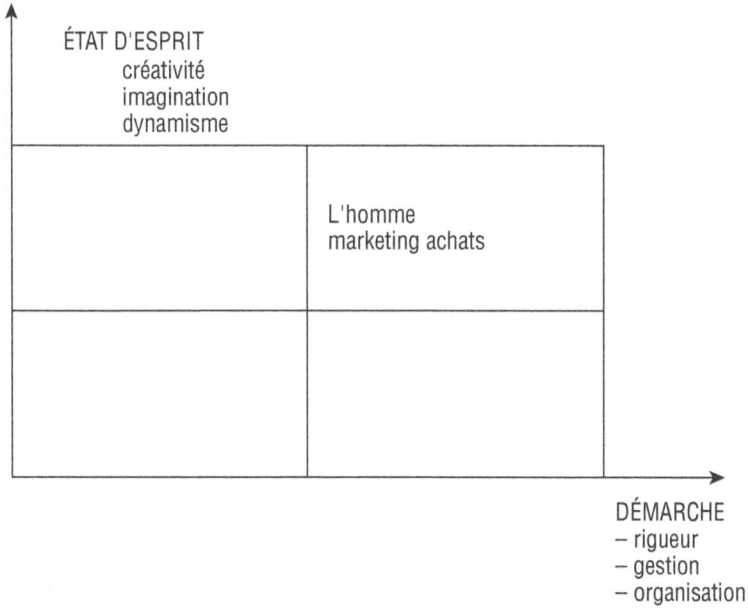

Figure 15-4 • Les deux dimensions du marketing achats[1]

LE PROFIL DE L'HOMME MARKETING ACHATS

Des pages qui précèdent, nous pouvons déduire que l'homme marketing achats doit être capable de conjuguer une démarche rigoureuse avec un esprit créatif, comme décrit dans la Figure 15-4.

De manière plus détaillée, les critères d'évaluation qui permettent de définir le profil de l'homme marketing achats sont :

– les connaissances et les aptitudes techniques,
– les capacités d'évolution et d'adaptation,
– la capacité d'information tant externe qu'interne,
– la connaissance opérationnelle du terrain,
– la capacité d'analyse et de synthèse,
– l'organisation de son temps.

Pour mener à bien les tâches résumées dans le paragraphe précédent, les qualités requises sont nombreuses et résumées dans le Tableau 15-5.

---

1. Tiré de l'article de R. de Maricourt, « Achat = vente ou le marketing des achats », *Revue Française de Marketing*, n° 97, 1984/1.

Éléments	1	2	3	4
Qualité intellectuelles				
• capacités d'analyse et de synthèse				X
• rigueur et organisation				X
• réalisme				X
• curiosité d'esprit				X
Facteurs de comportement				
• présentation			X	
• conduite de ses propres affaires				X
• motivation				X
• pugnacité				X
• goût du challenge				X
• autonomie				X
• sens des responsabilités				X
• capacité de communication				X
• sens de la négociation			X	
• jugement			X	
• imagination				X
• ponctualité			X	
• contrôle de soi			X	
• capacité d'adaptation				X
• patience			X	
Attitudes spécifiques				
• connaissance du marché				X
• connaissance des produits de l'entreprise			X	
• capacité d'adaptation				X
• capacité d'utilisation de supports			X	
• vue à long terme				X
• intuition				X
• mobilité				X
• capacité de rédaction de supports			X	
• capacité à animer des groupes de travail			X	
• participation et qualité des propositions en réunion				X

1 = non exigé
2 = souhaitable
3 = important
4 = indispensable

Tableau 15-5 • Qualités requises chez l'homme marketing achats

CONCLUSION

Des pages qui précèdent, nous pouvons déduire que le marketing achats est un process qui se gère comme tout projet d'entreprise.

Dans ce cadre, la fonction achats est intégrée à l'entreprise et participe aux décisions stratégiques.

La visée à long terme de la réflexion marketing permet à l'acheteur :

- de confirmer le prix de revient actuel et futur des produits fabriqués et ainsi d'aider le service commercial lors de ses négociations avec les clients,
- d'apprécier les vulnérabilités d'approvisionnement de l'entreprise,
- de mener des actions stratégiques, comme l'étude *make or buy*, nécessaires à la détermination des investissements lourds.

Le gain financier attendu de ce type d'action est important et on peut se poser la question de savoir pourquoi il est encore mal connu ou peu utilisé.

La principale cause de rejet réside dans la méconnaissance des gains attendus à partir des achats, d'une manière générale.

En second lieu le « temps » constitue un facteur important de refus.

En effet le marketing achats n'est pas une formule magique pour résoudre les problèmes d'approvisionnement de l'entreprise, mais un processus qui nécessite de disposer d'un temps relativement long pour une réflexion sans résultat immédiat.

Toutefois, comme annoncé au début de cet ouvrage, l'impact des achats sur le chiffre d'affaires de l'entreprise étant de plus en plus important, le marketing achats deviendra dans les toutes prochaines années une nécessité et fera partie intégrante de la stratégie globale de l'entreprise, si ce n'est pas déjà fait. Il faut donc s'y préparer.

C'est pourquoi nous terminons cet ouvrage par ce message :

Messieurs les Acheteurs, vendez votre fonction à travers le
« MARKETING ACHATS ».

ANNEXES

Les deux outils matriciels suivants font partie de la panoplie des connaissances de base indispensables à tout acte d'achat selon un horizon temporel de trois à cinq ans.

Le premier outil: LE CYCLE DE VIE D'UN PRODUIT doit toujours être présent à l'esprit de l'acheteur car il constitue l'un des uniques moyens de connaître l'évolution des prix et la pérennité des produits à acheter.

Le second outil appelé: MATRICE CROISSANCE – PART DE MARCHÉ, mis en œuvre par le Boston Consulting Group, a permis de formaliser l'effet d'expérience dans les fabrications de produits. Nous en faisons ici une approche basée sur l'achat dans le cadre d'une relation à long terme, qui permet de déterminer la motivation du fournisseur pour fabriquer le produit convoité.

Annexe 1
LE CYCLE DE VIE D'UN PRODUIT

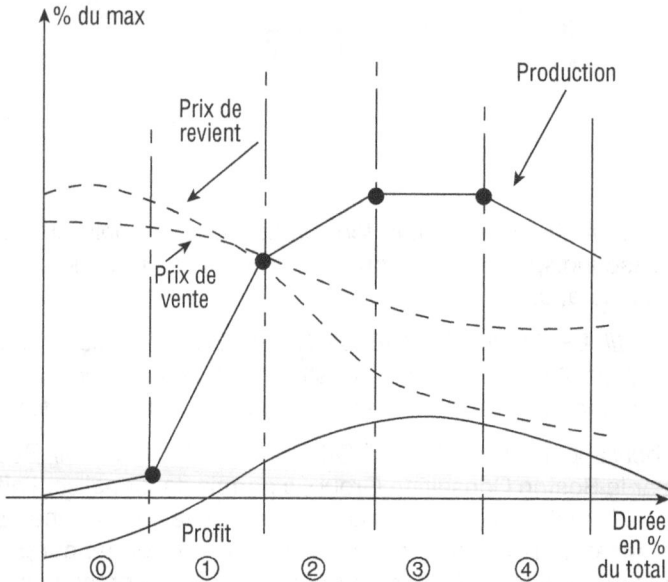

% du max

Prix de revient

Production

Prix de vente

Profit

Durée en % du total

⓪ ① ② ③ ④

Caractéristiques économiques du produit
dans chacune des phases de son cycle de vie

	Phase 1 Lancement	Phase 2 Pénétration	Phase 3 Saturation	Phase 4 Déclin
Taux d'expansion du produit par rapport au taux général	de plus de 10 % supérieur	de 5 à 10 % supérieur	2 à 5 % supérieur	inférieur
Offre et demande	création du besoin	demande supérieure à offre	équilibre	offre supérieure à demande
Nombre de producteurs	élevé	moyen	stable	décroissant
Prix de vente	élevé	décroissant	stable	stable ou en baisse
Prix de revient	élevé	en forte baisse	en légère baisse	stable
Rentabilité	incertaine	très bonne	moyenne	faible ou négative
Financement	besoins	très gros besoins	restitution, auto-financement	désinvestissement, liquidation

Source : Maurice Reyne, *L'approche technico-économique du développement des produits*, Éditions Hommes et Techniques.

© Éditions d'Organisation

Annexe 2
LA MATRICE « CROISSANCE/PART DE MARCHÉ »

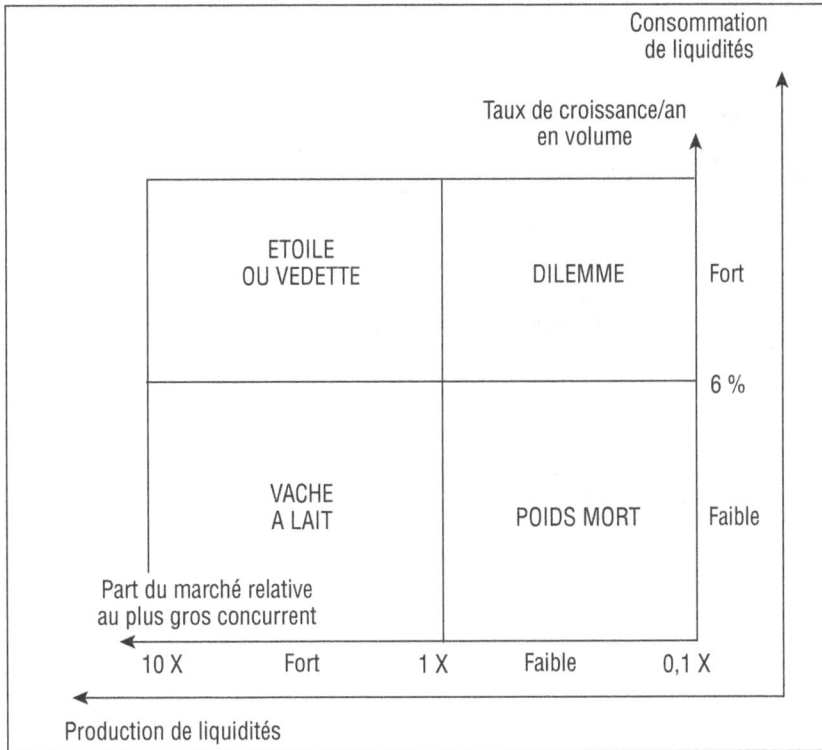

La matrice se divise en quatre zones significatives.

1 – *La position « vache à lait »* possède les caractéristiques suivantes :

– le marché est stabilisé, car sa croissance est faible. On peut supposer que le produit est en phase « maturité » ;
– le fournisseur est leader : sa part de marché est supérieure à 1 ;
– les coûts sont bas.

Le produit génère un maximum de liquidités et en consomme peu.

2 – *La position « étoile »* implique que :

– le fournisseur est leader sur son marché, mais ce marché est en pleine croissance ; on peut penser que le produit est en phase « lancement ou expansion » ;
– le produit génère les liquidités, mais le fournisseur les consomme pour

maintenir sa position de leader et conserver sa part de marché (les investissements sont importants).

3 – *La position « poids mort »* signifie que :

- le fournisseur possède une faible part dans un marché stagnant, voire en déclin. Il ne peut donc pas acquérir une grande expérience du produit,
- le produit ne génère pas de profit.

En l'occurrence, vous devez envisager deux possibilités :

- si le fournisseur souhaite prendre des parts de marché, il devra faire de gros investissements, mais essaiera d'aligner ses prix sur le leader.
- si le fournisseur n'abandonne pas la fabrication du produit mais n'investit plus, il sera prêt alors à baisser ses prix, car ses coûts sont bas.

3 – *La position « dilemme »* implique que :

- le fournisseur possède une faible part dans un marché en forte expansion : le produit se trouve probablement en phase de « lancement »,
- le produit est un gros consommateur de liquidités.

© Éditions d'Organisation

Bibliographie

Du même auteur

R. Perrotin et P. Heusschen, *Acheter avec profit*, Éditions d'Organisation, Paris, 1999.

R. Perrotin, *L'entretien d'achat,* Éditions d'Organisation, Paris, 1991.

Autres ouvrages

J.-M. Baron, « Le *design to purchasing* ou les coûts d'acquisition maîtrisés dès la conception », *Revue internationale de l'achat*, numéro hors série : *Les Achats, centre de profit.*

F. Blanc, *Marketing industriel,* Vuibert Entreprise, Paris, 1988.

B. Camus, *Audit marketing*, Éditions d'Organisation, Paris, 1990.

A. Cayol et. P. Barrère, *La programmation neurolinguistique*, Entreprise Moderne d'édition, Paris, 1990.

M. Crouky et M. Greif, *Gérer simplement les flux de production*, Éditions du Moniteur, Paris, 1990.

A. Dayan, *Marketing industriel*, Vuibert/Gestion, Paris, 1985.

M. Giletta, *Prix*, Éditions Eyrolles, Paris, 1989.

P. Ghemawet, « Comment concilier stratégie et courbe d'expérience », *Harvard-L'Expansion*, automne 1985.

M. R. Leenders et D.L. Benkmorn, *Reverse Marketing*, The Free Press, Macmillan, 1988.

R. de Maricourt « Achat = vente, ou le marketing des achats », *Revue Française de Marketing*, n° 97, 1984/1.

B. Martinet et J.-M. Ribault *La veille technologique, concurrentielle et commerciale*, Éditions d'Organisation, Paris, 1988.

Bruno Martinet et Yves-Michel Marti, *L'intelligence économique : les yeux et les oreilles de l'entreprise*, Éditions d'Organisation, Paris, 1995.

P. Millier, *Le marketing des produits high-tech*, Éditions d'Organisation, Paris, 1989.

M. Porter, *Choix stratégique et concurrence,* Economica, Paris, 1982.

M. Reyne, *L'approche technico-économique des produits*, Éditions Hommes et Techniques, Paris, 1990.

M. Reyne, *Les prévisions technologiques : matériaux, procédés et produits de demain*, Les Éditions d'Organisation, Paris, 1993.

J. Seglin, *Cours pratique de marketing en 12 leçons*, Inter Éditions, Paris, 1990.